Mannheimer Geographische Arbeiten

Heft 20

Herausgegeben von

Ingrid Dörrer, Wolf Gaebe, Gudrun Höhl
und Christoph Jentsch

Schriftleitung
Rainer J. Bender

Im Selbstverlag des Geographischen Instituts der Universität,
Schloß, 68 Mannheim 1

Bezug und Schriftentausch auf Anfrage

GEMEINDETYPEN DER PFALZ

Empirischer Versuch auf bevölkerungs- und sozialgeographischer Basis

von

Eberhard Hasenfratz

Mannheim 1986   Mit 36 Abbildungen und 36 Tabellen

Die vorliegende Arbeit wurde als Dissertation von der
Fakultät für Geschichte und Geographie der
Universität Mannheim angenommen.

Tag der Promotion:	21. Oktober 1985
Referent:	Prof. Dr. Ch. Jentsch
Korreferent:	Prof. Dr. R. Loose

ISBN 3-923750-19-6

Umschlaggestaltung: Marianne Mitlehner

Satz: Petra Gerstner, Petra Gehringer

Gesamtherstellung nach Satz: Dissertations Druck Darmstadt,
  6100 Darmstadt

© Geographisches Institut der Universität Mannheim 1986
  Alle Rechte vorbehalten

Vorwort

Die erste Beschäftigung mit Fragen der Gemeindetypisierung ergab sich im Rahmen meiner Magisterarbeit über den Strukturwandel der Gemeinden im Donnersberg-Umland. In der Folgezeit reizte es einerseits die methodischen Grundlagen der Typenbildung eingehender kennenzulernen, andererseits aber auch die praktische Umsetzung anhand der Daten der amtlichen Statistik 1970/72 (Volkszählung), die Typisierung der Gemeinden eines größeren Raumes nach herkömmlicher Methode mit ausgewählten bevölkerungsgeographischen und sozialökonomischen Merkmalen durchzuführen.

Daß daraus schließlich eine Dissertation über die Pfalz entstand, verdanke ich meinem verehrten Lehrer, Herrn Prof. Dr. Ch. Jentsch. Ihm schulde ich großen Dank für wertvolle Hinweise und Ermutigungen bei der Bewältigung der Datenfülle. Mein Dank gilt auch Herrn Prof. Dr. R. Loose, der als Gutachter stetes Interesse am Fortgang der Arbeit zeigte.

Zu danken habe ich auch den Damen Petra Gehringer und Petra Gerstner, Herrn Matthias Werner und dem Schriftleiter Herrn Dr. R. J. Bender für die Reinschrift und die zügige Abwicklung der Druckvorbereitungen und Frau Nicola Klupsch Ph.D. für die Übertragung der Zusammenfassung ins Englische.

Eine wesentliche Unterstützung erfuhr ich durch Druckkostenzuschüsse des Bezirksverbandes Pfalz bei der Bezirksregierung Rheinhessen-Pfalz und der Staatskanzlei in Mainz, Abteilung Raumordnung und Landesplanung, wofür ich mich auch an dieser Stelle herzlich bedanke.

Dank gebührt schließlich den Herausgebern der "Mannheimer Geographischen Arbeiten" für die Aufnahme der Dissertation in dieser Reihe.

Worms, im März 1986

Eberhard Hasenfratz

**Geographisches Institut
der Universität Kiel
Neue Universität**

Inhaltsverzeichnis

Seite

Vorwort
Verzeichnis der Tabellen 8
Verzeichnis der Abbildungen 11

1.0 Zur Entwicklung der empirisch-konventionellen Bemühungen um die Gemeindetypisierung 13

2.0 Klassifikation und Typisierung 18
2.1 Zum wissenschaftlichen Gebrauch des Ordnungsbegriffs "Typus" 20
2.2 Das Problem der Schwellenwertfindung 23
2.3 Kartographische Darstellung der Gemeindetypen 25

3.0 Das Untersuchungsgebiet in seiner großräumigen Situation 28
3.1 Auswirkungen der Territorialreform 31
3.2 Verteilung der Gemeindegrößen 32
3.3 Bevölkerungsbewegung 36
3.4 Verteilung und Entwicklung der Bevölkerung seit 1835 37

4.0 Räumliche Ausprägung der Bevölkerungsstruktur 64
4.1 Sexualproportion 64
4.2 Gründe für die Variabilität im Altersaufbau der Gemeinden 70
4.3 Erfassung der Altersaufbautypen 86
4.4 Räumliche Unterschiede in der Verteilung der Altersaufbaupyramiden 94

5.0 Erwerbs- und Sozialstruktur 104
5.1 Typisierung der Gemeinden nach Merkmalen der Sozialstruktur 112
5.2 Räumliche Gemeindetypenverteilung nach den Erwerbstätigen am Wohnort und die Verflechtung mit nichtsozialen Merkmalen 115
5.3 Zur Typisierung der Erwerbstätigen am Arbeitsort und der Berufspendler 124
5.4 Räumliche Gemeindetypenverteilung nach dem Arbeitsort, Wohnort und den Berufspendleranteilen 132
5.5 Ergänzende Merkmale 146

6.0 Abschließende Bemerkungen 156

7.0 English Summary 159

8.0 Literaturverzeichnis 162

9.0 Typenschemata und Verzeichnis der Gemeinden 183

Verzeichnis der Tabellen

			Seite
Tab.	1:	Bevölkerung <15 Jahre in den pfälzischen Gemeinden 1970	25
Tab.	2:	Auswirkungen der kommunalen Gebietsreform auf die Verteilung der Gemeindegrößen	33
Tab.	3:	Verteilung der Gemeindegrößen in der Pfalz 1970	35
Tab.	4:	Entwicklung der Bevölkerungsdichten in der Pfalz	37
Tab.	5:	Verteilung der Gemeinden mit Bevölkerungsabnahme 1939/70 auf die Landkreise	47
Tab.	6:	Bevölkerungsentwicklung in der Pfalz 1939/70	48
Tab.	7:	Lageparameter und Streuungsmaße der Bevölkerungspotentiale	52
Tab.	8:	Mittlere prozentuale Veränderungen des Bevölkerungspotentials 1939/70	55
Tab.	9:	Mobilitätsindices für die Pfalz	56
Tab.	10:	Bevölkerungsentwicklung in den Grenzen von Verbandsgemeinden, kreisfreien Städten und verbandsgemeindefreien Gemeinden nach Rangziffern	58
Tab.	11:	Agglomerationsindices für die Pfalz	63
Tab.	12:	Beobachtende Häufigkeit der Gemeinden nach Zu- bzw. Abnahme der Bevölkerung 1939/70 und Sexualproportion 1970	67
Tab.	13:	Beobachtete Häufigkeit der Gemeinden nach Anteil der ≥60jährigen und Sexualproportion	68
Tab.	14:	Beobachtete Häufigkeit der Sexualproportion nach Gemeindegrößenklassen	69
Tab.	15:	Altersaufbau der Gemeinden in der Pfalz 1970 nach Gemeindegrößenklassen	71
Tab.	16:	1) Altersaufbau in größeren Gebietseinheiten 1970 (%) 2) Altersaufbau der Wohnbevölkerung nach Gemeindegrößenklassen (abs.)	72
Tab.	17:	Beobachtete Häufigkeit der Gemeinden nach GMZ und Katholikenquote	74
Tab.	18:	Verteilung der GMZ nach Landkreisen (o. krsfr. St.)	76

			Seite
Tab. 19:	Altersaufbau der von Dannenfels Fort- und Zugezogenen im Zeitraum 1958 bis Juni 1976		78
Tab. 20:	Gemeindetypen der Bevölkerungsentwicklung in der Pfalz 1970		84
Tab. 21:	Gemeindetypen der Bevölkerungsentwicklung in der Pfalz nach Gemeindegrößenklassen 1970		85
Tab. 22:	Ableitung der Altersaufbautypen (1)		91
Tab. 23:	Ableitung der Altersaufbautypen (2)		92
Tab. 24:	Verteilung der Altersaufbautypen in Landkreisen und kreisfreien Städten der Pfalz 1970		96
Tab. 25:	Verteilung der Altersaufbautypen in der Pfalz 1970 nach Gemeindegrößenklassen		97
Tab. 26:	Verbreitung der Gemeindetypen in der Pfalz 1970 nach der Stellung der Erwerbstätigen am Wohnort in ihrem Beruf in Abhängigkeit von der Gemeindegröße		117
Tab. 27:	Verbreitung der Gemeindetypen nach den Erwerbstätigen am Wohnort in ihrer Stellung im Beruf unter den kreisfreien Städten, Landkreisen und Regionen der Pfalz 1970		118
Tab. 28:	Gemeindetypen der Pfalz 1970 nach den Erwerbstätigen am Arbeitsort und ihrer Zugehörigkeit zu den Wirtschaftsbereichen, geordnet nach Größenklassen der Erwerbstätigen		134
Tab. 29:	Verbreitung der pfälzischen Gemeindetypen nach den Erwerbstätigen am Arbeitsort in den Landkreisen, Regionen und unter den kreisfreien Städten 1970		135
Tab. 30:	Verteilung der pfälzischen Gemeinden 1970 nach Berufspendleranteilen (Typen n. H. FEHRE 1965) und Berufspendler-Größenklassen		140
Tab. 31:	Verteilung der pfälzischen Gemeinden 1970 nach Berufspendleranteilen (Typen n. H. FEHRE 1965) auf kreisfreie Städte, Landkreise und Regionen		141
Tab. 32:	Verteilung der Berufspendlertypen n. H. FEHRE (1965) auf die pfälzischen Agrargemeindetypen 1971/72		142
Tab. 33:	Verteilung der Gemeindetypen nach den Erwerbstätigen am Arbeitsort auf die Gemeindetypen nach den Erwerbstätigen am Wohnort in der Pfalz 1970		143

		Seite
Tab. 34:	Verteilung der Berufspendlertypen n. H. FEHRE (1965) auf die nach den Erwerbstätigen am Wohnort nach ihrer Stellung im Beruf typisierten pfälzischen Gemeinden 1970	144
Tab. 35:	Verteilung der pfälzischen Gemeinden 1970 nach Altersaufbautypen auf die nach den Erwerbstätigen am Wohnort nach ihrer Stellung im Beruf typisierten Gemeinden	145
Tab. 36:	Fremdenverkehr in der Pfalz 1983	155

Verzeichnis der Abbildungen

			Seite
Abb.	1:	Verwaltungsgliederung der Pfalz	42
Abb.	1a:	Bevölkerungsentwicklung in der Pfalz 17.5.1939-27.5.1970	44
Abb.	2:	Zu- bzw. Abnahme der Wohnbevölkerung in den Gemeinden der Pfalz 1939/70	45
Abb.	3:	Häufigkeitsverteilung der prozozentualen Bevölkerungszu- und -abnahme in den Gemeinden der Pfalz 1939/70 und 1961/1970	46
Abb.	4:	Bevölkerungspotential 1939	51
Abb.	5:	Bevölkerungspotential 1950	51
Abb.	6:	Bevölkerungspotential 1961	54
Abb.	7:	Bevölkerungspotential 1970	54
Abb.	8:	Veränderung des Bevölkerungspotentials 1939/50 (%)	55
Abb.	9:	Veränderung des Bevölkerungspotentials 1950/61 (%)	57
Abb.	10:	Veränderung des Bevölkerungspotentials 1961/70 (%)	57
Abb.	11.	Häufigkeitsverteilung der Sexualproportion in den pfälzischen Gemeinden 1970	65
Abb.	12:	Räumliche Verteilung der Geburtenmaßzahl (GMZ) pfälzischer Gemeinden 1970	75
Abb.	13:	Typen der Bevölkerungsentwicklung pfälzischer Gemeinden 1970	80
Abb.	14:	Verteilung der Bevölkerungsentwicklungstypen im O-W und N-S-Profil 1970	83
Abb.	15:	Häufigkeitsverteilung der Bevölkerung 15 J. und 60 J. in den Gemeinden der Pfalz 1970	89
Abb.	16:	Häufigkeitsverteilung der Bevölkerung 15 60 J. in den Gemeinden der Pfalz 1970	89
Abb.	17:	Typen des Altersaufbaus der Gemeinden in der Pfalz 1970	90
Abb.	18:	Variationsbreite der Altersaufbautypen pfälzischer Gemeinden 1970	93
Abb.	19:	Typen des Altersaufbaus der Gemeinden in der Pfalz 1970	95

		Seite
Abb. 20:	Verteilung der Altersaufbaupyramiden im O-W und N-S-Profil 1970	100
Abb. 21:	Erwerbstätige nach Wirtschaftsbereichen am Wohn- und Arbeitsort, einschließlich der Pendler, in den Gemeinden der Pfalz 1970	109
Abb. 22:	Häufigkeitsverteilung der pfälzischen Gemeinden 1970 nach ihrem Anteil an Erwerbstätigen am Wohnort und Arbeitsort (Land- u. Forstw.., prod. Gew.)	109
Abb. 23:	Anteil an Erwerbstätigen im Handel, Verkehr und Dienstleistungsbereich am Arbeits- und Wohnort in der Pfalz 1970	110
Abb. 24:	Verteilung der Erwerbstätigen am Wohnort nach ihrer Stellung im Beruf	113
Abb. 24a:	Erwerbstätige nach Geschlecht und Stellung im Beruf in den Gemeindegrößenklassen (Pfalz 1970)	113
Abb. 25:	Typisierung der pfälzischen Gemeinden 1970 nach der Stellung im Beruf ihrer Erwerbstätigen am Wohnort (Schw.)	115
Abb. 26:	Typisierung der pfälzischen Gemeinden 1970 nach der Stellung im Beruf ihrer Erwerbstätigen am Wohnort (Karte)	121
Abb. 27:	Typisierung der pfälzischen Gemeinden 1970 nach der Zugehörigkeit der Erwerbstätigen am Arbeitsort zu den Wirtschaftsbereichen	123
Abb. 28:	Typisierung der pfälzischen Gemeinden nach den Erwerbstätigen am Arbeitsort 1970 i.d. Wirtschaftsbereichen	125
Abb. 29:	Agrargemeinden der Pfalz 1970: Betriebstypen	127
Abb. 30:	Agrargemeinden der Pfalz 1970: Bodennutzung	128
Abb. 31:	Agrargemeinden der Pfalz 1970: Betriebsgrößen	129
Abb. 32:	Agrargemeinden der Pfalz 1970: Betriebliche Arbeitsleistung	130
Abb. 33:	Häufigkeitsverteilung der Berufsaus(AP)- und -einpendler(EP) in den pfälzischen Gemeinden 1970	131
Abb. 34a-f:	Berufspendlertypen n. H. FEHRE (1965) in den Landkreisen	147
Abb. 35:	Fremdenverkehr in der Pfalz 1983 und Übernachtungen / 100 Einw.	154
Abb. 36:	Gemeindetypenkarte der Pfalz	(Faltkarte)

1.0 Zur Entwicklung der empirisch-konventionellen Bemühungen um die Gemeindetypisierung

Von der in Deutschland seit Mitte des 19. Jahrhunderts im Gefolge der Industrialisierungsphase einsetzenden Bevölkerungszunahme, verbunden mit einer ausgeprägten Verstädterungstendenz, profitierten hauptsächlich die Land-, Klein-, Mittel- und Großstädte. Ein Anwachsen der räumlichen Mobilität, gefördert durch den schnell voranschreitenden Ausbau der Verkehrsanbindung durch Straße und Schiene, begünstigte den mit der Industrialisierung eingeleiteten tiefgreifenden Umbau der Sozialstruktur. Daraus resultierte eine stärkere Differenzierung der Gemeinden nach Struktur und Funktion.

Mit dieser Entwicklung wuchs die Bedeutung der amtlichen und privaten Statistik für die Verwaltung, Wirtschaft und Wissenschaft. Während für Bayern bereits seit 1801 das "Statistisch-Topographische Bureau" und für Preußen seit 1805 das "Statistische Bureau" bestand, wurden die übrigen Statistischen Landesämter in der Zeitspanne von 1820 bis 1866 eingerichtet. In dieser Zeit erkannte man auch die Notwendigkeit städtischer Statistischer Ämter, erstmals 1862 für Berlin eingerichtet, um den aus dem Bevölkerungszuwachs sich ergebenden Planungsaufgaben gerecht zu werden. Eine wichtige Ergänzung bildet schließlich die private Statistik, wobei z.B. im 19. Jahrhundert die Erhebung des "Vereins für Socialpolitik" zur Situation des Handwerks hervorzuheben ist (vgl. dazu QUANTE 1961, S. 7-28).

Mit den tabellarisch erfaßten Gemeindedaten sind zwar viele Merkmale zur individuellen Kennzeichnung einer Gemeinde verfügbar, aber eine typisierende Zusammenschau hervortretender Merkmale, die eine Bestandsaufnahme, den Vergleich und eine Gliederung des Raumes ermöglichen soll, erfordert eine weitere Aufbereitung der Daten. Auch die Klassifikation nach der seit den 70er Jahren des 19. Jahrhunderts von der deutschen amtlichen Statistik verwendeten und anfangs brauchbaren formal-statistischen Gruppierung (FLASKÄMPFER 1962, S. 139) mit Hilfe der Einwohnerzahlen in Landgemeinden (unter 2000 Einwohner) und Land-,

Klein-, Mittel- und Großstädte kann nur eine grobe Zuordnung ermöglichen, weil strukturelle und funktionale Veränderungen nicht notwendig signifikant in den Einwohnerzahlen in Erscheinung treten. Hinzuweisen ist an dieser Stelle auf eine die Volkszählung von 1933 auswertende Arbeit von CHRISTALLER (1937) über "Die ländliche Siedlungsweise im Deutschen Reich und ihre Beziehungen zur Gemeindeorganisation," in der er über Einwohnerzahl, Physiognomie und Funktion zu tiefer gegliederten Siedlungsgrößentypen gelangt. Einzelhöfe unter 15, Weiler und Hofgruppen 15 bis 70, kleines Dorf 70 bis 200, Normaldorf (Schuldorf) 200 bis 600, Großdorf (Kirchdorf) 600 bis 1600, sehr großes Dorf (Marktdorf) 1600 bis 4500, Riesendorf (Stadtdorf) 4500 und mehr Einwohner.

Ein neuerer Versuch (KÜHN 1952), leicht zugängliche Daten, wie Fläche und Einwohnerzahl einer Gemeinde durch empirisch begründete Sinnschwellen der Bevölkerungsdichte mit den am häufigsten gefundenen wirtschaftlichen Merkmalen in Verbindung zu bringen, leistet im Vorfeld einer Gemeindetypisierung für eine erste Orientierung gute Dienste, wobei entsprechend der Intensität des Struktur- und Funktionswandels die Schwellenwerte nachgeführt werden müssen.

Die Anwendbarkeit der Bevölkerungsdichte als Gliederungsprinzip ist aber, wie das u.a. BOUSTEDT (1954/1975 III, S. 192) an den bayerischen Gemeinden für das Jahr 1950 nachwies, durch die mangelnde Trennschärfe höherer Bevölkerungsdichtewerte aufgrund starker Streuung der zugeordneten Einwohnerzahlen eingeengt.

Bemühungen um ein synoptisches Erfassen der prägenden Gemeindemerkmale gehen um die Jahrhundertwende sowohl von der Statistik als auch von der Geographie aus. Anregungen kommen z.B. von LOSCH (1901, S. 425-434), einem Vertreter des Finanzwesens, der Hinweise gibt, wie sich Wirtschaftsstatistik und Wirtschaftsgeographie ergänzen können. Er fordert eine Erweiterung des Erhebungsprogramms auf Gemeindebasis und weist auf die Unzulänglichkeit von Durchschnittswerten hin, deren Aufschlüsselung er für unumgänglich hält. Schließlich betont er den großen Wert der kartographischen Darstellung von Merkmalsverteilungen,

stellt dabei aber nicht so sehr das Verteilungsmuster eines Gemeindemerkmals in den Vordergrund, sondern gibt der Vergesellschaftung mehrerer Merkmale den Vorzug. Wenn auch keine konkreten Anweisungen zu einer Typisierung mitgeteilt werden, das überläßt der Verfasser den Fachvertretern der einzelnen Wissenschaftszweige, so bleibt doch das Verdienst, auf diese Forschungsaufgabe hingewiesen zu haben.
In bereits recht differenzierten Vorschlägen, auch zur kartographischen Darstellung, legt dagegen HETTNER (1902, S. 92-100) dar, wie man nach empirisch gefundenen Schwellenwerten aus der Verteilung der Wirtschaftsstruktur repräsentierenden Berufsgruppen einer Gemeinde und unter Berücksichtigung ihrer Funktion zum Typ einer Gemeinde gelangt (den Begriff "Gemeindetyp" findet man hier noch nicht, HETTNER spricht von "Typen der Ansiedlung"). Die Typenbildung betrachtet er als eine Durchgangsstufe und stellt die Interpretation des kartierten Verteilungsmusters der Typen als spezifische Tätigkeit des Geographen heraus. Aber nicht nur für die Gegenwart erhofft sich HETTNER Einblicke in Regelhaftigkeiten der Typenanordnung, sondern auch, als Bereicherung der historisch-geographischen Methode, Hinweise auf Entwicklungsreihen aufgrund von Typisierungen, die zu verschiedenen Zeitpunkten durchgeführt wurden. Allerdings geht er nicht auf die sich dabei ergebende Problematik der Schwellenwertbildung ein.
Es liegen etwa 10 Jahre dazwischen, bis GRADMANN (1913) in einer Untersuchung zur Siedlungsgeographie Württembergs die Anregungen HETTNERs umsetzt, aufbauend auf einem für die damalige Zeit (1907) umfangreichen Erhebungsprogramm auf Gemeindebasis. Aufgrund seiner umfassenden Landeskenntnis gelingt es GRADMANN, sieben Siedlungstypen zu entwickeln, die er dann erst nachträglich quantitativ abgrenzt. Sie stellen eine idealtypische Beschreibung im Sinne von WEBER (1904) dar, der diese Methode für die vergleichende Soziologie erarbeitet hat. GRADMANN unterscheidet je nach Überwiegen der zur Land- und Forstwirtschaft oder Industrie zählenden Erwerbstätigen vier landwirtschaftlich und drei gewerblich geprägte Siedlungstypen. Differenziert wird

nach der landwirtschaftlichen Betriebsgröße, bei Weinbaugemeinden nach dem Anteil der Rebfläche, durchschnittlicher Besetzungszahl der Gewerbebetriebe bzw. den Erwerbstätigen in der Industrie.

Erst wieder um 1930 wenden sich Statistiker dem Problem der Unterscheidung von Stadt- und Landgemeinden zu, wobei man in einer zu diesem Zeitpunkt noch nicht vorliegenden Berufsstatistik auf Gemeindebasis eine Möglichkeit zur Verbesserung der Trennschärfe sieht (FÜRST 1930, S. 498f.) Auf diese 1933 durchgeführten Zählungen stützen sich z.B. Lösungsvorschläge von LIND (1934), der die Gemeinden nach dem Anteil der landwirtschaftlichen Bevölkerung an der Einwohnerschaft gliedert und HORSTMANN (1938), der mit diesem Merkmal das Ausmaß der "Vergewerblichung" (ibid. S. 114, 116f.) kartiert. Dieser Begriff steht, einem Vorschlag von QUANTE (1933) folgend, für die "wirtschaftliche Verstädterung".

Eine differenzierte Aussage versucht ISENBERG (1941), indem er bei den Erwerbspersonen der Wirtschaftsbereiche Industrie und Handwerk, Handel und Verkehr und Öffentlicher Dienst Nah- und Fernbedarfstätige unterscheidet. Kritische Hinweise zur Auswertung der Berufszählung und zur Notwendigkeit der heute selbstverständlichen Berücksichtigung von Wohn- und Arbeitsgemeinde gibt ZILL (1942); in dieser Arbeit dürfte zuerst der Begriff "Gemeindetyp" verwendet worden sein, wohl zurückgehend auf seinen Lehrer HESSE. Dessen Typologie (1944, 1949, 1950, 1965), die in ihren Grundlagen denen GRADMANNs ähnlich ist und die Erhebung von 1939 auswertet, gilt als der erste umfassende Entwurf seit GRADMANN. Doch die grundlegenden Veränderungen nach dem Krieg, einige Schwächen in der Merkmalsauswahl ("Hufengröße" als "Normalgröße der bäuerlichen Familienwirtschaft", "Haushaltungen ohne Boden") und in der Wahl der Schwellenwerte lassen eine Anwendung auch mit veränderten Schwellenwerten auf andere Räume und zu anderen Zeitpunkten (Auswertung der Zählungen von 1949 und 1950) nicht zu.

HESSE, wie auch HUTTENLOCHER (1949), der HESSEs Typen nach der funktionalen Seite hin weiterentwickelt und auch für das 18.

Jahrhundert funktionale Siedlungstypen aufstellt, stehen am Anfang eines wieder auflebenden Interesses an den Problemen der Gemeindetypisierung, die entscheidende Impulse vor allem von der Akademie für Raumforschung und Landesplanung in Hannover erhält. Unter ihrem Einfluß entstehen im Zeitraum von 1947 bis 1970 mehrere Typologien, nach denen mit unterschiedlichem Erfolg kartiert wurde (s. bes. Deutscher Planungsatlas Bd. III-VII, X). Hervorzuheben ist das Verfahren von LINDE (1952), das als vielseitig in der Aussage gilt, indem es wirtschaftliche Struktur der Erwerbspersonen am Arbeits- und Wohnort und übergemeindliche Funktionen einbezieht.

Eine Darstellung der wichtigsten deutschen Typologien und ihre kritische Bewertung enthält die Arbeit von SCHNEPPE (1970), sodaß sich hier eine Beschreibung einzelner Verfahren erübrigt.

Versucht man die zahlreichen Typologien herkömmlicher Art zu ordnen, so sind methodisch im wesentlichen zwei Gruppen zu unterscheiden, Verfahren, denen Typen zugrundeliegen, die sich durch langjähriges Vertrautsein mit dem betreffenden geographischen Raum qualitativ-modellhaft herauskristallisiert haben und nachträglich operationalisiert werden - und solche, wo systematisches Abtasten der Häufigkeitsverteilungen von ausgewählten Merkmalen auf geeignete Schwellenwerte der Typenbegrenzung vorausgeht.

Eine Anordnung der Typologien nach den im Vordergrund stehenden Gliederungsmerkmalen zeigt die häufige Verwendung der quantitativen Ausprägung der Wirtschaftsabteilungen (z.B. HESSE 1950, 1965; HÜFNER 1952; LEHMANN 1956; LINDE 1952). Sie sollen "bei der geographischen Betrachtung der Ortschaften die Hauptsache sein; sowohl die Lage wie der Bauplan und die ganze Physiognomie der Ortschaften können erst aufgrund ihres wirtschaftlichen Charakters verstanden werden" (HETTNER 1902, S. 93). Einige Entwürfe betonen die funktionale Betrachtungsweise (z.B. HUTTENLOCHER 1949/50; MITTELHÄUSER 1959/60; SÄNGER 1963). Um die volle Wertigkeit einer Gemeinde zu erfassen, hat sich als fruchtbar erwiesen, neben der Einarbeitung der Gemeinden in ihrer Doppelrolle als Arbeits- und Wohnort auch ihre wirtschaftliche Struktur durch ihre Funktion zu ergänzen, aber nicht zu ersetzen, "weil funktionale Siedlungstypen umfassender als Wirtschaftstypen sind", wie HUTTENLOCHER (1949/50, S. 77) vorschlägt.

Vereinzelt sind bei dem Bemühen um eine sozialräumliche Gliederung Versuche unternommen worden, die Gemeinden nach ihrer Sozialstruktur zu typisieren (z.B. FINKE 1950, 1953; SCHWIND 1950). Ausgangsdaten betreffen die rechtliche Stellung im Beruf. Dieses Merkmal ist allerdings nicht aussagestark genug und gewinnt erst in Kombination mit anderen Merkmalen (Wirtschaftsabteilungen, Bevölkerungsverteilung, konfessionelle Gliederung, Betriebsgrößen, Pendler) an Brauchbarkeit (vgl. dazu STEINBERG 1964, S. 65-67 und BOUSTEDT 1975 I, S. 126-128).

Weiterhin kann man eine Gruppe von Entwürfen unterscheiden, die z.B. durch den Einbau von Kennziffern zur Bevölkerungsbewegung und Dezentralität "dynamisch-strukturelle Lagetypen" (MOEWES 1968, 1973) herausarbeiten oder wie bei SCHAFFER (1971, S. 38), mit den Merkmalen Einwohnerzahl, Erwerbsstruktur, relatives Bevölkerungswachstum und absolutes Gewerbesteuerwachstum "Prozeßtypen der Bevölkerungs- und Wirtschaftsentwicklung" bestimmen.

2.0 Klassifikation und Typisierung

Die Wissenschaft, die sich mit dem logischen Aufbau von Klassifikationen und Typologien befaßt, ist die Taxonomie. Es gibt Objektbereiche, denen bereits eine natürliche Ordnung innewohnt, die nur noch gefunden werden muß. Ein bekanntes Beispiel dazu ist die Klassifikation der chemischen Elemente nach bestimmten Eigenschaften, das Periodensystem, dessen Entdeckung u.a. auch die Vorhersage weiterer chemischer Elemente ermöglichte.

Im Gegensatz zu einer solchen natürlichen Aufgliederung steht die konstruierte Klassifikation. Sie wird dort entwickelt, wo die Wirksamkeit zahlreicher Komponenten die Einsicht in die Zu-

sammenhänge eines Objektbereichs erschwert. Als Gliederungsmerkmale werden aufgrund begründeter Annahmen solche ausgewählt, die ein Höchstmaß an Erklärung auf sich vereinigen können. Nach dem jeweiligen Erkenntnisstand kann die Auswahl der Merkmale Änderungen unterworfen sein. Zu solchen anspruchsvolleren Klassifikationen zählen z.B. die effektiven Klimaklassifikationen, deren Gliederungsmerkmale meßbare Klimaelemente sind. So zieht KÖPPEN (1923, 1931) die Temperatur, den Niederschlag und den Jahresgang beider Klimaelemente zur Klassifikation heran. Unter welchen Bedingungen die Aufgliederung eines Objektbereichs als Klassifikation bezeichnet werden kann, soll an dem einfachen Beispiel der formal-arithmetischen Einteilung der Gemeinden, nach dem Merkmal "Einwohnerzahl" in Dörfer, Land-, Klein-, Mittel- und Großstädte gezeigt werden:
a) Zu jeder Gemeinde läßt sich eine Einwohnerzahl feststellen.
 - Bedingung der Vollständigkeit.
b) Jeder Gemeinde kommt nur eine Einwohnerzahl zu.
 - Bedingung der Ausschließlichkeit.
c) In jeder Gemeinde hat die Einwohnerzahl zu einem bestimmten Zeitpunkt einen bestimmten Stand.
 - Bedingung der Eindeutigkeit.
Sind diese Forderungen für einen relativ homogenen Objektbereich noch zu erfüllen, so ergeben sich für heterogen zusammengesetzte Objektbereiche erhebliche Schwierigkeiten, die für das Objekt stehenden Merkmale nach ihrer Anzahl und Aussagekraft so auszuwählen, daß sie auch gleichzeitig den Bedingungen der Klassifikation genügen. Dieses Problem tritt z.B. beim Herausarbeiten von Gruppen ähnlicher Gemeinden auf, daß nämlich ein Merkmal (z.B. Industriebeschäftigte am Arbeitsort) nicht für alle Objekte (Gemeinden) gleiches repräsentatives Gewicht hat, sodaß es in einem Teilbereich (z.B. für die Gruppe der Agrargemeinden) durch ein anderes Merkmal ersetzt werden muß. Solche Einteilungen, bei denen Merkmale nicht durchgängig den Objekten zugeordnet sind, verstoßen gegen die Bedingung der Vollständigkeit und können deshalb nicht mehr als Klassifikation gelten. Man spricht hier von Typologien (vgl. auch FRIEDRICHS

1973, S. 87-89).
Im Hinblick auf die Gemeinde-Typologien ergibt sich dabei eine Reihe von Problemen, die ohne Kompromisse einzugehen nicht lösbar sind. Z.B. stellt sich die Frage nach der Aussagekraft der Merkmale bzw. Indikatoren und damit auch nach ihrer zeitlichen Gültigkeit für das Untersuchungsgebiet, wenn man bedenkt, daß in einem Gemeindetyp immer nur ein unterschiedlich lang andauerndes, von der Entwicklungsdynamik der Gemeinde abhängiges Durchgangsstadium abgebildet ist. Zu berücksichtigen ist außerdem, daß den Daten die Zufälligkeiten des Stichtages anhaften. Doch die Einwände verlieren an Gewicht, da in der Regel zwar die Daten der amtlichen Statistik die Grundlage der Typisierung sind, aber die Gefahr einer falschen Typenzuweisung durch Erfahrungswerte und Ortskenntnis verringert wird. Gemeindetypisierungen vermitteln zunächst eine Übersicht, welche Typen im Untersuchungsgebiet anzutreffen sind, wie häufig sie vertreten sind, in welcher Vergesellschaftung bzw. in welchem Verteilungsmuster sie auftreten. Damit ist erst die Ausgangsbasis für die darauffolgende Interpretation gewonnen, die einen der Thematik der Typisierung entsprechenden Beitrag zur Analyse der Kulturlandschaft liefert.
Allgemeiner Zweck solcher Schemata ist es, das Gefüge eines Objektbereichs in anschaulichen Vorstellungen, die für Objekte stehen, übersichtlich zu ordnen. Vorausgesetzt, daß sie sich im Gebrauch bewähren, kommt ihnen eine heuristische Bedeutung zu, d.h., sie regen zu wissenschaftlich gestützten Vermutungen an, tragen also zur Hypothesenbildung bei, die ihrerseits das Auffinden von Regelhaftigkeiten oder Gesetzmäßigkeiten ermöglicht.

2.1. Zum wissenschaftlichen Gebrauch des Ordnungsbegriffs "Typus"

In der Philosophie gilt das typologische Denken schon immer als eine wichtige Methode der Begriffsbildung und reicht bis zu Platon und Aristoteles zurück. Man findet diese Arbeitsweise besonders in den Wissenschaften ausgebildet, deren Forschungsgegenstand sich durch großen Formenreichtum und komplexe Prozeßabläufe auszeichnet (z.B. Geschichtswissenschaft, Sozial-, Bio- und Geowissenschaften).

Es entspricht einem ursprünglichen Bestreben des Menschen, aus einer qualitativ oder quantitativ gegebenen Datenmenge über einen Objektbereich repräsentative Merkmale auszuwählen, wesentliche Züge ihrer Ausprägung begründbar abzugrenzen, mit dem Ziel, zu einer typisierenden Begriffsbildung zu gelangen. Auf diese Weise kann ein Objektbereich weiterer wissenschaftlicher Bearbeitung verfügbar gemacht werden.

Bald bestand das Bedürfnis, aufgrund der großen Variationsbreite im deskriptiven und theoretischen Gebrauch die Bezeichnung "Typus" wissenschaftstheoretisch zu hinterfragen. So stellt HEYDE (1952, S. 238) heraus, daß jeder Typus ein als ganzheitlich zu betrachtendes Merkmalsbündel darstellt, das nichts Einmaliges repräsentiert, sondern vielfach anzutreffen ist. Was die Typenbildung betrifft, wendet er sich gegen die Auffassung, daß Typen, aus Teilen zusammengetragen, konstruiert oder erfunden werden; vielmehr werden sie festgestellt oder man findet sie vor. Das gilt nicht nur für Realtypen, sondern trifft auch auf die Idealtypen zu. Denn der Unterschied eines Idealtypus zum Realtypus besteht lediglich darin, daß die Gesamtheit aller bisher an verschiedenen Realtypen nie vollständig vorgefundenen und immer realen Eigenschaften in einem Typus, in dem auch in der Realität möglichen Idealtypus, vorweggenommen ist (ibid., S. 239).

Zu einer Ordnung der Typen gelangt HEMPEL (1952/1965, S. 86), indem er klassifikatorische, Extrem- (auch reine oder ordnende-) und Idealtypen als Hauptarten unterscheidet. Bei der klassifikatorischen Typisierung ist von ausschlaggebender Bedeutung, möglichst Merkmale zu finden, die in hoher Korrelation zu anderen Eigenschaften stehen, sodaß die einzelnen Typen (als Teilklassen) durch die Gefügemuster der herangezogenen Eigenschaften offengelegt sind. Wesentlich zum Erzielen brauchbarer Ergebnisse ist, daß man sich beim Festlegen der Teilklassengrenzen vom empirischen Befund leiten läßt.

Dagegen zeigen die Extremtypen oder "reine Typen" (ibid., S. 87) die Grenze der Variationsbreite einer Reihe an, wobei ihr Vorkommen in der Realität keine Bedingung ist.
Diese Typenbildung erinnert an Mischkristallreihen, wie man sie aus der Chemie bzw. Mineralogie kennt, z.b. bei Plagioklas, mit den reinen Endgliedern Albit und Anorthit. An diesem Beispiel erscheint es relativ einfach, den Ähnlichkeitsgrad zu den reinen Endgliedern durch chemische Analyse oder physikalische Methoden eindeutig zu bestimmen. Doch im allgemeinen sind die Sachverhalte z.B. im sozialwissenschaftlichen Bereich komplexer. HEMPEL (1952/1965, S. 88) schreibt dazu:"...wenn ein extremer Typ als ein legitimer wissenschaftlicher Begriff in wissenschaftlichen Aussagen mit klarer objektiver Bedeutung dienen soll, dann müssen explizite Kriterien für das "mehr oder weniger" des Vergleichs aufgestellt werden. Diese Kriterien können eine nichtnumerische, "rein komperative" Form annehmen, oder sie können auf quantitativen Techniken aufgebaut sein, wie Rangskalen oder Messungen."
Im Hinblick auf die Anwendung in der Geographie räumt WIRTH (1979, S. 135) der Typenbildung den Stellenwert einer der herkömmlichen Modellbildung vorausgehenden Modellbildung ein, mit der Begründung, daß die Bestimmungsmerkmale des Modells, nämlich (n. STACHOWIAK 1965, S. 438) Abbildung und subjektive Pragmatik, auch dem Typus eigen sind. Nur wird im Modell des Typus der Gesamteindruck nicht nur eines, sondern mehrerer Originale wirksam. An einer Typisierung der Gemeinden veranschaulicht, wäre das Abbildungskriterium für die Typenzugehörigkeit einer Gemeinde durch die Darstellung in einer Karte der Gemeindegrenzen z.B. in der Form von Diagrammen (Kartodiagramm) und/ oder mit Hilfe von Farbabstufungen, Buchstaben- oder Ziffernsignaturen erfüllt, die Vereinfachung bestände in der Kennzeichnung durch wenige, für den Zweck aber wesentliche Merkmale, und das Kriterium der subjektiven Pragmatik würde sich ausdrücken in einer dem Benutzerkreis angepaßten Darstellungsweise der Gemeindetypen, die eine sichere Informationsentnahme als Bedingung für das Erschließen weiterführender Zusammenhänge er-

möglicht.
Beim Idealtypus, der für die vorliegende Untersuchung nicht bedeutsam ist, handelt es sich nach HEMPEL (1952/1965, S. 92, 95) um eine empirische Befunde erklärende theoretische Ganzheit. In die Nähe so verstandener Idealtypen würden dann in der Geographie z.b. die Intensitätsringe von THÜNEN, das System der Zentralen Orte von CHRISTALLER und das "mean information field" von HÄGERSTRAND gehören.

2.2. Das Problem der Schwellenwertfindung

Schwellenwerte sollen möglichst markante Gruppengrenzen von Merkmalsausprägungen bezeichnen, wobei mit der Anzahl der Werte auch die Aussagekraft und die Trennschärfe wächst. Weiterhin ist zu berücksichtigen, daß oft mehr Gruppen gebildet werden könnten, aber mit Rücksicht auf eine übersichtliche Typenbildung eine Auswahl unter mehr oder weniger gleichwertigen Schwellenwerten getroffen werden muß, die durchaus subjektiver Entscheidung unterliegt. "Subjektiv" meint hier aber nicht einen Akt der Willkür, sondern fordert, daß die Entscheidung für einen Schwellenwert durch landeskundliche Kenntnisse abgesichert ist.
In den meisten Arbeiten zur Gemeindetypisierung findet man nur wenige begründete Hinweise, wie das Datenmaterial für die Schwellenwertermittlung aufbereitet wurde. Es können hauptsächlich zwei Möglichkeiten unterschieden werden:
a) Aufgrund umfassender Landeskenntnis werden die Gemeindetypen intuitiv verbal festgelegt und hinterher durch Schwellenwerte gegeneinander abgegrenzt, um das Verfahren nachvollziehbar zu machen;
b) Der Typenbildung geht die Auswahl repräsentativer Merkmale voraus, deren quantitative Ausprägung im Histogramm auf vertretbare Schwellenwerte untersucht wird.
Mit der Anwendung einer Methode, die quantitative Ausprägungen von Merkmalen ordnet - das beginnt bereits mit dem Festlegen

der Klassenbreite im Histogramm - wird zugleich die grundsätzliche Frage aufgeworfen, in welchem Ausmaß das räumliche Verteilungsmuster beeinflußt wird. Naturgemäß kann eine solche Einwirkung nicht vermieden werden, sie wird aber durch Offenlegen der Verfahrensweise abschätzbar.
Es gibt dafür zwei in ihrer Auswirkung verschidene Bearbeitungsmöglichkeiten: Die eine gibt Gruppengrenzen nach mathematisch-statistischen Gesichtspunkten vor, erzeugt also ein Verteilungsmuster und ist unabhängig vom Bearbeiter reproduzierbar; die andere dagegen läßt sich in der Festlegung der Grenz- oder Schwellenwerte von den in der Häufigkeitsverteilung auftretenden Zäsuren leiten, von denen zunächst angenommen wird, daß sie natürlich gegebene Gruppengrenzen bzw. Grenzbereiche darstellen, eine vernünftige Klassenbreite vorausgesetzt.
Für die Zielsetzung der vorliegenden Untersuchung scheidet die erstgenannte Möglichkeit, die z.B. die Methode der gleichen Grenzwertabstände, der gleichen Besetzung und die der Abstände in Einheiten der Standardabweichung beinhaltet, in der Regel deshalb aus, weil durch die Formalisierung die Gefahr der Verfälschung des realen Verteilungsmusters der Merkmalsausprägung gegeben ist.
Die zweite Möglichkeit ist zwar ebenfalls nicht unproblematisch, solange nicht überprüft ist, wie die Zäsuren zustandegekommen sind. Entscheidend ist nämlich, ob sich ein solcher Grenzbereich auch in den Teilgebieten des Untersuchungsraumes durchsetzt. Allerdings hat sich herausgestellt, daß die in den Histogrammen für den Gesamtraum feststellbaren Zäsuren nicht in allen Gebietseinheiten gleich stark entwickelt auftreten, sodaß sich in engen Grenzen haltende Kompromisse unvermeidbar waren. Lag ein unanschaulicher Schwellenwert nahe bei einer leicht auffaßbaren Sinnschwelle, was z.B. bei den Merkmalen "Erwerbstätige in der Land- und Forstwirtschaft" und "Erwerbstätige im Produzierenden Gewerbe" der Fall war, dann wurde dieser der Vorzug gegeben. Ein Beispiel für eine begründete Wahl der Schwellenwerte zeigt die folgende Tabelle:

Tab. 1: Bevölkerung <15 Jahre in den pfälzischen Gemeinden
1970

Bev. <15 J. (%)	1	2	3	4	5	6	7	8	9	10	zus.
14 b.u. 16			1			1					2
16 18			2			1					3
18 20			3	3		5	1			1	13
20 22		3	6	7	2	9	3		2		32
22 24		5	14	15	1	6	24	15	5	7	6	98
Sch											
24 26			17	25	7	20	37	25	15	22	6	174
26 28			9	21	10	12	20	21	4	11	11	119
Sch											
28 30				7	10	6	8	11	1	9	5	57
30 32			1	3	5	4	1	4	1	3	3	25
32 34				1	1		1	2		2	1	8
34 36							1		2	2	5
36 38						1					1
Anz. d. Gem.	8	50	85	36	49	106	84	26	58	35	537

Daten: Stat. v. Rhld.-Pf., Bd. 221
1 Kreisfreie Städte, 2 Lkrs. Bad Dürkheim, 3 Donnersbergkreis, 4 Lkrs. Germersheim, 5 Lkrs. Kaiserslautern, 6 Lkrs. Kusel, 7 Lkrs. Landau - Bad Bergzabern, 8 Lkrs. Ludwisghafen, 9 Lkrs. Pirmasens, 10 Lkrs. Zweibrücken;
Sch = Schwellenwert

2.3. Kartographische Darstellung der Gemeindetypen

Erst die kartographische Darstellung der Gemeindetypen bietet in einer Zusammenschau die Voraussetzung für eine Interpretation ihrer Verteilung und Assoziation. Es ist aber nicht allein der Umstand, daß hier eine gemäß dem Thema ausgewählte Daten-

menge mnemotechnisch relativ leicht faßbar in einen mehr oder weniger hohen Grad der Verschlüsselung in den Raum übersetzt vorliegt, sondern auch, daß nur auf diese Weise eine dem Sachverhalt angemessene Fragestellung erzeugt werden kann.
Der Kartographie stehen mehrere Möglichkeiten offen (s.a. z.B. BÄR 1976), die sich entweder der rein synthetischen, den mit analytisch gegebenen Inhalten kombinierten synthetischen und den rein analytischen Darstellungsweisen zuordnen lassen. Relativ problemlos erweisen sich synthetische Kartogramme, Diakartogramme und Kartodiagramme. Allerdings kann aus ihnen der Weg, der zur Bildung der Typen geführt hat, nicht nachvollzogen werden. So entspricht z.b. jedem Gemeindetyp eine die Gemarkungsfläche einnehmende Farbe oder ein Raster, wobei durch geometrische Signaturen oder Buchstabensignaturen zusätzliche Aussagen möglich sind. Dadurch aber, daß das gesamte Areal einer Gemarkung für die Typendarstellung herangezogen wird und die Bezugsfläche somit einen größeren Raum abdeckt als der Verbreitung des Typs zukommt, wird die Verwirklichung des Lageprinzips bestenfalls mit Signaturen angedeutet. Das macht sich bei starker Streuung der Form und der Größe der Gemarkungsflächen nachteilig bemerkbar. Mit Vorteil kann man sich auch der vereinzelt gebräuchlichen ausschließlichen Verwendung von Ziffern- und Buchstabensignaturen bedienen, die durch die formelhafte Anordnung und typographische Variierbarkeit eine sichere und schnelle Informationsentnahme ermöglichen und außerdem der Forderung nach Lagetreue näher kommen.
Analytisch aufgebaute kartographische Darstellungen gehen beim Typisierungsprozeß synthetischen voraus. Angestrebt wird eine leicht lesbare Abbildung der quantitativen Variation möglichst vieler Merkmale in einer Karte. Das leistet z.B. ein Diakartogramm, das für jede Gemeinde angenähert lagetreu die Merkmale als Radius porportional ihrem meist relativ angegebenen Wert enthält. Miteinander verbunden ergibt sich ein polygonales Tendenzdiagramm, das sich für den Vergleich eignet. Man kann ein solches Diagramm auch zu den mittleren Werten des gesamten Raumes in Beziehung setzen, indem der Schnittpunkt eines einge-

zeichneten Kreises mit dem Radius für das jeweilige Merkmal den Durchschnitt markiert. Zu beachten ist dabei, daß sachliche Zusammengehörigkeit der Merkmale auch in ihrer Abfolge im Diagramm berücksichtigt ist. Dadurch, daß die Merkmale in ihrer wirklichen Ausprägung ablesbar sind, wird auch der Einblick in ihre Variationsbreite ermöglicht und so der Informationsverlust infolge der Klassifizierung durch Schwellenwerte umgangen. Die Frage der Schwellenwertfindung verlagert sich hier auf das beim optischen Vergleich der Polygone zu vollziehende Abgrenzen der Formtypen. Mit dieser Methode hat z.B. MAY (1977, S. 335) Gemeinden im westlichen Rhein-Main-Gebiet mit zwölf Merkmalen in sog. Gemeindetypogrammen dargestellt und ausgewertet.
Kontrastreiche und daher gut auffaßbare Darstellungen erreicht man auch mit geometrischen Signaturen, indem man ihre Kombinationsfähigkeit (ARNBERGER 1977, S. 51) ausnutzt.
In der Regel werden die Signaturen so in der Karte angeordnet, daß ihr Mittelpunkt angenähert mit der Ortslage übereinstimmt. Soll z.B. der Altersaufbau der Gemeinden durch den Anteil der Altersgruppen unter 15 Jahren, 15 bis unter 60 J. und 60 J. und mehr klassifiziert werden, sind zunächst aus der Häufigkeitsverteilung der einzelnen Altersgruppen die Schwellenwerte als Klassengrenzen zu ermitteln. Wird jede der drei Verteilungen durch zwei Schwellenwerte in drei Klassen unterteilt, so ergeben sich 3 x 3 x 3 = 27 mögliche Kombinationen, die im Untersuchungsgebiet nicht alle vertreten sein müssen. Wird nur der ausgeprägteste Schwellenwert in jeder Altersgruppe berücksichtigt, so sind acht Kombinationen zu kartieren. Die kartographische Aufgabe besteht jetzt darin, einer geometrischen Signatur die Ausprägung der drei Merkmale, hier der Altersgruppen, zuzuordnen. Das ist aufgrund der Gruppenfähigkeit dieser Signaturen möglich, indem z.B. die Form der Signatur (Quadrat, Kreis, Dreieck etc.) die Altersgruppen der unter 15jährigen ausdrückt, die Größe die der 15 bis unter 60jährigen und die Ausfüllung die 60jährigen und älteren.
Ähnliches läßt sich mit der Kombinationsfähigkeit der Signaturen erreichen, wenn es z.B. darauf ankommt, die Gemeinden als

Arbeits- und Wohnort nach der Zugehörigkeit der Erwerbstätigen nach Wirtschaftsbereichen zu gliedern. Ist z.B. eine Gemeinde, als Arbeitsort betrachtet, eine Agrargemeinde und mit einem Kreis gekennzeichnet und nach den Erwerbstätigen am Wohnort eine ländliche Industriegemeinde, symbolisiert mit einem Quadrat, so kann man, um die Zusammenschau zu erleichtern, das Quadrat in den Kreis einbeschreiben oder die Hälften der Signaturen koppeln. Der Form, Größe und Ausfüllung der geometrischen Signatur sind hier die durch die Schwellenwerte klassifizierten Anteile der Erwerbstätigen nach den Wirtschaftsbereichen zugeordnet. Dieses Verfahren erlaubt sowohl eine synthetische als auch eine analytische Auswertung im Rahmen der Schwellenwerte. So steht die Signatur in ihrer Ganzheit für die Zusammenschau nach den zugrundeliegenden Merkmalen. Will man dagegen Auskunft über die Verteilung der einzelnen Merkmale, so muß für sich allein, je nach der Zuordnung, entweder die Form, Größe oder Ausfüllung der Signatur betrachtet werden.

3.0. Das Untersuchungsgebiet in seiner großräumigen Situation

Die Pfalz war schon mehrfach im Rahmen umfassender Kartierungen Gegenstand von Gemeindetypisierungen. So liegen für die Jahre 1950 und 1961 Kartierungen der wirtschaftlichen Gemeindetypen nach HÜFNER vor, außerdem für 1939 und 1950 die nach sozialen Gemeindetypen nach dem Verfahren von FINKE. Weitere Typisierungen nach vorherrschenden Wirtschaftsbereichen, entwickelt vom Statistischen Bundesamt und der Bundesanstalt für Landeskunde für das Jahr 1950, beziehen sich auf die BRD; ebenso die Kartierung der Wirtschaftsstruktur der Gemeinden nach BRÜNING. Erhebungen der Jahre 1960/61 schließlich waren die Grundlage einer Erfassung der sozialökonomischen Struktur und Funktion der Gemeinden in der BRD nach VAN DEENEN, MROHS und KREKELER.
Die folgenden Ausführungen beziehen sich auf den Regierungsbezirk Pfalz in den Grenzen von 1970, der den südlichen Teil von Rheinland-Pfalz einnimmt und bis zur Territorialreform 1972 be-

standen hat.
An die Pfalz angrenzende Gebiete sind im Süden Elsaß und Lothringen, im Westen das Saarland, im Osten Baden-Württemberg und im Norden die Landkreise Birkenfeld, Bad Kreuznach und Alzey-Worms, wobei für die Gemeinden in Grenzlagen bedeutsam ist, daß sich über die Staatsgrenzen hinweg ein gemeinsames Interesse an der Bewältigung raumordnerischer Probleme entwickelt hat.
Die 1.312.286 Einwohner, die am 27. Mai 1970 in der Pfalz gezählt wurden, verteilen sich auf 537 Gemeinden mit zusammen 5.428 km² Gemarkungsfläche; d.h., daß 36 % der Bevölkerung von Rheinland-Pfalz auf 26 % der Fläche dieses Bundeslandes wohnten.

Auffällig ist die ungleiche Verteilung der Bevölkerung und der Gemeindegrößen; sie steht im Zusammenhang mit ausgeprägten regionalen Wachstumsunterschieden, die, großräumig betrachtet, im wesentlichen auf eine zeitlich nicht konform verlaufende Entstehung und Raumwirksamkeit industrieller Kernräume mit hoher Einwohner-Arbeitsplatzdichte zurückzuführen ist, nämlich die Verdichtungsräume Rhein-Neckar und Saar und der Bereich Karlsruhe-Wörth. Die Ausstrahlung der Eigendynamik dieser Räume auf benachbarte Bereiche nimmt dabei mehr oder weniger stark ab, je nach infrastruktureller Ausstattung und Entfernung.
An diese auf pfälzischem Gebiet ausnahmslos in der Vorderpfalz liegenden, im Landesentwicklungsprogramm 1980 (LEP) als "Aktivräume" oder "Mittelbereiche mit insgesamt günstiger Struktur" ausgewiesenen Bereiche Frankenthal, Ludwigshafen, Bad Dürkheim, Speyer und Kandel-Wörth schließen sich Raumtypen mit unterschiedlich stark in Erscheinung tretenden Strukturschwächen an, zunächst die "Gestaltungsräume", die noch von der günstigen Lage zu den "Aktivräumen" profitieren (Pendelverflechtung), noch relativ wenig Industriestandorte aufweisen und in denen, sofern sie am Pfälzerwald teilhaben, auch Entwicklungsimpulse durch den Fremdenverkehr feststellbar sind. Zu diesem Raumtyp zählen laut LEP die Mittelbereiche Grünstadt, Neustadt a.d.W., Germersheim, Bad Bergzabern und der Bereich um das Oberzentrum Kaiserslautern. Als "strukturschwache Räume" werden die übrigen

Mittelbereiche der Pfalz eingestuft, wie Landau, Pirmasens, Zweibrücken, Landstuhl, Kirchheimbolanden, Dahn und Kusel, wobei die beiden letztgenannten Bereiche von einer besonders ungünstigen Erwerbs- und Infrastruktur betroffen sind.
Diese Übersicht deutet bereits ein sozialökonomisches Gefälle an zwischen den industriellen Kernräumen in der Vorderpfalz und den "strukturschwachen Räumen" im Westen und Südwesten, meist vom Strukturwandel in der Landwirtschaft beeinträchtigte Gebiete, was im Hinblick auf die Typisierung der Gemeinden nach ihrer Struktur und Funktion eine günstige Variationsbreite erwarten läßt.
Die in diesem Zusammenhang gern gebrauchte Bezeichnung "sozialökonomisch" beschränkt die Absicht der wirtschaftlichen Kennzeichnung auf das wirtschaftende Subjekt, den Menschen, und auf die Erfassung der sich aus der wirtschaftlichen Tätigkeit ableitenden zwischenmenschlichen, also sozialökonomischen Gruppierungen und Ordnungen" (LINDE 1952, S. 82).
Hervorzuheben ist schließlich das Verteilungsmuster der Gemeinden mit zentralen Funktionen, das im allgemeinen (vgl. KÖCK 1975, S. 153 u.a.a.O.) den physiogeographischen Strukturzonen und -linien der Pfalz folgt und somit dem physiogeographisch bestimmten Verkehrsprinzip CHRISTALLERs entspricht.
Eine solche Strukturzone ist z.B. die nördliche Oberrheinniederung mit dem Oberzentrum Ludwigshafen, den Mittelzentren Speyer und Germersheim und dem Unterzentrum Wörth a.Rh. - oder parallel dazu, die tektonisch bedingte Strukturzone entlang des Ostrandes des Pfälzerwaldes mit den Mittelzentren Grünstadt, Bad Dürkheim, Neustadt a.d.W., Landau und Bad Bergzabern. Quer dazu verlaufen Strukturlinien wie das Speyerbachtal mit den Unterzentren Elmstein, Lambrecht und Dudenhofen, dann das Queichtal mit Hauenstein, Annweiler a.Tr., Albersweiler und das Klingbachtal mit Billigheim-Ingenheim, Herxheim und Rülzheim. Ebenso stellt die Kaiserslauterer Senke eine bedeutsame WSW-ENE streichende Strukturzone dar, mit dem Oberzentrum Kaiserslautern, dem Mittelzentrum Landstuhl und den Unterzentren Bruchmühlbach und Enkenbach-Alsenborn. Damit in Verbindung stehen

als weitere Strukturlinien z.B. das Glantal, bzw. untere Kuselbachtal mit dem Mittelzentrum Kusel und einigen Unterzentren wie Waldmohr, Glan-Münchweiler, Altenglan u.a., das Lautertal mit dem Unterzentrum Wolfstein und das Alsenztal mit dem Mittelzentrum Rockenhausen und den Unterzentren Winnweiler und Alsenz. Weiter nach Osten grenzt das Glan-Alsenz-Berg- und Hügelland, ebenfalls eine markant ausgebildete physiogeographische Strukturzone mit dem Mittelzentrum Kirchheimbolanden.

3.1. Auswirkungen der Territorialreform

Die der Untersuchung zugrundeliegenden Erhebungen der amtlichen Statistik fallen in eine Zeitspanne der Verwaltungsvereinfachung und der damit verbundenen umfassenden Territorialreform (3.-7., 9., 13.-16. Verwaltungsvereinfachungsgesetz im Zeitraum vom 12. Nov. 1968 bis 19. Dez. 1973). Das bedeutete für einige Gemeinden den Verlust der rechtlichen Selbständigkeit und damit der statistischen Individualität. So hat sich im Zeitraum vom 30.6.1968 bis zum 1.1.1975 durch die kommunale Gebietsreform in der BRD die Anzahl der Gemeinden um 55 % verringert, am stärksten im Saarland um 85,6 % und in Nordrhein-Westfalen um rd. 83 %; ein relativ geringes Ausmaß von 19 % verzeichnet dagegen Rheinland-Pfalz (n. WIMMER aus SCHÄFERS 1976, S. 237). In der Pfalz ist der Bestand von 627 Gemeinden vor der Gebietsreform auf 511 Gemeinden am Ende des Jahres 1974 geschrumpft, das bedeutet eine Abnahme um 18,5 %. Von den betroffenen Gemeinden sind jetzt rd. 31 % in kreisfreie Städte und in Ortschaften, die keiner Verbandsgemeinde angehören, eingemeindet. In 19 % der Fälle erfolgten Zusammenschlüsse zwecks gemeinsamer Wahrnehmung der Verwaltungsaufgaben unter Beibehaltung der Ortsnamen (Doppelnamen). Bei den übrigen Gemeindeauflösungen kam es vereinzelt zu Zusammenlegungen unter einem neuen Gemeindenamen, z.B. in der Verbandsgemeinde Glan-Münchweiler im Landkreis Kusel, wo aus den Gemeinden Nanzweiler, Nanzdietzweiler und Dietschweiler Nanzdietschweiler entstanden ist - oder in

der Verbandsgemeinde Otterbach im Landreis Kaiserslautern die Gemeinde Sulzbachtal, die sich aus Ober- und Untersulzbach zusammensetzt.
Wie aus Tabelle 2 ersichtlich ist, hat sich vor allem die Anzahl der Gemeinden in den Größenklassen von 200 bis unter 2.000 Einwohnern stark verringert, während die von 5.000 bis unter 20.000 E. zugenommen hat.
Daß sich die kommunale Gebietsreform in Rheinland-Pfalz weit weniger als z.B. im Saarland und in Nordrhein-Westfalen in Form von Gemeindeauflösungen ausgewirkt hat, ist auf die Schaffung von sog. Verbandsgemeinden, auch als Föderalgemeinden bezeichnet, zurückzuführen. Im Gegensatz zur Groß- oder Einheitsgemeinde behalten hier die Einzelgemeinden ihre rechtliche Existenz und sind so auch weiterhin in der amtlichen Statistik aufgeführt. Das hat auch den Vorteil, daß unter Zugrundelegung des Gebietsstandes von Ende 1973 auf Überblickskartierungen mit Hilfe der Verbandsgemeinden für das Jahr 1970 zurückgegriffen werden kann. Die durchschnittliche Einwohnerzahl der 55 pfälzischen Verbandsgemeinden lag für Ende 1974 bei 13.100 Personen. Den meisten hier verwendeten amtlichen statistischen Erhebungen liegt der Gebietsstand vom 7. Nov. 1970 zugrunde; zu diesem Zeitpunkt gab es in der Pfalz noch 537 Gemeinden. Lediglich bei den Erhebungen zur Landwirtschaft (Teil IV A+B) gilt der Gebietsstand vom 30. Juni 1971 und für die ergänzenden Strukturdaten (Teil V) der 30. Juni 1972.

3.2. Verteilung der Gemeindegrößen

Betrachtet man die Bevölkerungszahl in Verbindung mit der Anzahl der Gemeinden und den Gemarkungsflächen, dann ergeben sich bereits erste Einblicke in ihre Verteilung.
Würde die Verbreitung der Bevölkerung in der Pfalz der fiktiven Gleichverteilungsgeraden folgen, wie sie aus den LORENZ-Kurven bekannt sind, dann wären z.B. 50 % der Bevölkerung auf 50 % der Gemeinden bzw. Gemarkungsflächen verteilt, rd. 2.444 Einwohner

Tab. 2: Auswirkungen der kommunalen Gebietsreform auf die Verteilung der Gemeindegrößen

Gemeindegrößen-klassen (Einwohner)

Gemeindegrößenklassen (Einwohner)	Anzahl der Gemeinden am: 6.6.1961 (1)	7.11.1970 (2)	31.12.1974 (3)	Diff. abs. (1)(2)	(1)(3)	in v.H. (1)	(3)
< 200	31	28	30	- 3	- 1	4.94	5.87
200 < 500	166	132	131	- 34	- 35	26.48	25.64
500 < 1000	189	158	141	- 31	- 48	30.14	27.60
1000 < 2000	137	102	97	- 35	- 40	21.85	18.98
2000 < 5000	76	79	72	+ 3	- 4	12.12	14.09
5000 < 10000	17	26	26	+ 9	+ 9	2.71	5.09
10000 < 20000	3	4	6	+ 1	+ 3	0.48	1.17
20000 < 50000	5	4	4	- 1	- 1	0.80	0.78
50000 <100000	2	3	2	+ 1	0	0.32	0.39
≥100000	1	1	2	0	- 1	0.16	0.39
Summen	627	537	511	- 90	-116	100.00	100.00
Einwohner	1237861	1312286	1322393				

Berechnet n. Stat. v. Rhld. - Pf., Bde. 109, 221 u. AI2-hj2/74 je Gemeinde kämen auf 10 km². Wie groß die Abweichung davon ist, geht einmal daraus hervor, daß rd. 78% aller Gemeinden weniger als 2.000 Einwohner aufweisen und daß sie nur mit 2.23% vertretenen Gemeinden mit 10.000 und mehr Einwohnern bereits rd. 45% der Wohnbevölkerung auf 13.18% der Gesamtfläche auf sich vereinigen. Bezogen auf die Bevölkerung an Werktagen (Wohnbevölkerung-Erwerbstätige am Wohnort + Erwerbstätige am Arbeitsort) sind es sogar 50.63% der pfälzischen Bevölkerung, die sich in diesen 12 Städten aufhält. Außer Kaiserslautern, Pirmasens und Zweibrücken liegen die restlichen kreisfreien Städte wie Ludwigshafen, Frankenthal, Neustadt a.d.W., Landau und Speyer in der Vorderpfalz, ebenso die verbandsgemeindefreien Gemeinden Grünstadt, Bad Dürkheim, Haßloch und Schifferstadt.

Vergleicht man die räumliche Verteilung der übrigen Gemeindegrößenklassen mit den Strukturraumtypen, wie sie im Landesentwicklungsprogramm ausgewiesen sind, dann heben sich vor allem die strukturschwachen Räume mit einem hohen Anteil an Gemeinden mit weniger als 1.000 Einwohnern ab. Im Landkreis Kusel und im Donnersbergkreis sind sie mit 81% vertreten; beide Landkreise weisen auch den höchsten Anteil an Gemeinden mit weniger als 200 Einwohnern auf, allein im Landkreis Kusel 10%.

Mehr als die Hälfte der Gemeinden in den Landkreisen Zweibrücken, Pirmasens und Landau - Bad-Bergzabern haben ebenfalls weniger als 1.000 Einwohner. Der Anteil dieser Größenklassen nimmt in den "Gestaltungsräumen" und "Aktivräumen" erheblich ab und erreicht in den Landkreisen Kaiserslautern noch 43%, Bad Dürkheim 38%, Germersheim 22% und Ludwigshafen nur noch 11.5%.

Eine Darstellung der Verhältnisse in absoluten Angaben und Durchschnittswerten vermittelt Tabelle 3.

Tab. 3: Verteilung der Gemeindegrößen in der Pfalz 1970

Gemeindegrößen-klasse (Einwohner)	(1)	(2)	(3)	(4)	(5)	(6)	(7)	(8)	(9)	(10)	Pfalz
≤ 200	–	–	6	1	3	11	3	–	4	–	28
200 ≤ 500	–	6	36	–	8	42	16	–	10	14	132
500 ≤ 1000	–	13	29	7	10	33	35	3	17	11	158
1000 ≤ 2000	–	15	9	12	12	10	17	1	19	7	102
2000 ≤ 5000	–	13	3	11	13	9	9	13	6	2	79
5000 ≤10000	–	–	2	5	3	1	4	8	2	1	26
10000 ≤20000	–	3	–	–	–	–	–	1	–	–	4
20000 ≤50000	4	–	–	–	–	–	–	–	–	–	4
50000 <100000	3	–	–	–	–	–	–	–	–	–	3
≥100000	1	–	–	–	–	–	–	–	–	–	1
Summen	8	50	85	36	49	106	84	26	58	35	537
A	66158	2313	790	2570	1840	780	1243	4516	1392	922	2444
B	66.39	11.83	7.54	13.05	12.13	5.48	7.99	12.08	1356	7.08	10.11

Zusammengestellt und berechnet n. Daten aus Stat. v. Rhld.-Pf., Bd. 221

(1) Kreisfreie Städte, (2) Lkrs. Bad Dürkheim, (3) Donnersbergkreis, (4) Lkrs. Germersheim, (5) Lkrs. Kaiserslautern, (6) Lkrs. Kusel, (7) Lkrs. Landau-Bad Bergzabern, (8) Lkrs. **Ludwigshafen**, (9) Lkrs. Pirmasens, (10) Lkrs. Zweibrücken;

A Durchschnittliche Einwohnerzahl je Gemeinde;   B Durchschnittliche Gemarkungsfläche in km^2

3.3 Bevölkerungsbewegung

Die Bevölkerung stellt ein intensiv gestaltendes und sensibel reagierendes Element der Kulturlandschaft dar; sie ist in ihrem Umfang und der räumlichen Verteilung das Ergebnis eines vielschichtigen Zusammenspiels von natürlicher Bevölkerungsbewegung und Wanderungsverhalten.
Im Verlauf der natürlichen Bevölkerungsbewegung wirken eine Reihe von Teilstrukturen zusammen, z.B. die Verteilung des Eintrittsalters in die Ehe mit seinem Einfluß auf den Generationenabstand, die Häufigkeit der Eheschließungen; das Einzugsgebiet der Ehepartner, die Altersverteilung der Mütter bei der Erstgeburt, die zeitliche Abfolge der Geburten und die geschlechts- und altersspezifische Sterblichkeit.
MACKENROTH (1953, S. 110) spricht zusammenfassend von "Bevölkerungsweisen" oder "generativen Strukturen". Er hebt hervor, daß sie keineswegs allein auf biologische Komponenten zurückführbar sind, sondern in einem mehr oder weniger engen Wechselbezug zu den sozialen Gegebenheiten stehen, in die sozialökonomische Zielvorstellungen des Individuums oder die sozialer Gruppen eingebunden sind und damit auch die Entwicklung von Maßstäben bei der Inwertsetzung des Raumes. "Das Ökonomische ... setzt für die Bevölkerungsweise als Ganzes die 'Situation', der es sich anzupassen gilt, der aus der Bevölkerungsweise resultierende Bevölkerungsvorgang ist aber selbst wieder eines der Daten des ökonomischen Prozesses" (ibid., S. 330).
Allerding kann daraus nicht auf eine kausale Verknüpfung geschlossen werden, da die Notwendigkeit, so und nicht abweichend davon im ökonomischen Bezugsrahmen zu reagieren, nicht gegeben ist. "Zwischen Bevölkerungsweise und Wirtschaftsweise besteht grundsätzlich kein Ursache-Folgeverhältnis, sondern eine Ausdrucksanalogie ... (Sie) wachsen aus dem Sozialstil der Zeit heraus und sind auch untereinander strukturanalog" (ibid., S. 415).

3.4 Verteilung und Entwicklung der Bevölkerung seit 1835

Unter den Maßzahlen, die einen allgemeinen Eindruck der Raumbewertung vermitteln, ist die Dichte der Wohnbevölkerung und ihre Veränderung in einer bestimmten Zeitspanne, nicht zuletzt wegen der leichten Zugänglichkeit der Daten, am gebräuchlichsten. Die folgenden Bemerkungen sollen in gebotener Kürze einige bevölkerungsgeographische Verhältnisse der Pfalz im 19. Jahrhundert beleuchten, soweit sie zur Interpretation des heutigen Verteilungsbildes der Bevölkerung von Bedeutung sind. Verglichen mit dem Gebiet in den Grenzen des Landes Rheinland-Pfalz, schon vor Beginn der Industrialisierung, als die Pfalz noch agrarisch strukturiert war, weist sie bereits eine höhere Bevölkerungsdichte auf. Dieser Unterschied betrug 1835 rd. 11 E/km² und ist danach bis 1970 auf rd. 58 E/km² angestiegen. Davon ist die Pfalz nicht in gleichem Maße betroffen, die höheren Bevölkerungsdichten in der Vorderpfalz stehen denen der Westpfalz gegenüber, die sogar noch unter denen von Rheinland-Pfalz liegen (Tab. 4).

Tab. 4: Entwicklung der Bevölkerungsdichten in der Pfalz

Jahr	Vorderpfalz		Westpfalz		Pfalz	Rhld.Pf.
	Einwohner	Bev.-D. (E/km²)	Einwohner	Bev.-D. (E/km²)	Bev.-D.	(E/km²)
1835	283.896	116.4	221.323	73.6	92.9	82.1
1871	318.215	130.5	248.069	82.4	104.0	92.4
1905	456.094	187.0	353.770	117.6	148.7	122.8
1939	594.299	252.5	450.877	146.7	192.0	149.0
1970	771.188	327.6	541.098	176.0	241.8	184.0

Errechnet u. zusammengestellt n. Stat. v. Rhld.-Pf., Bde. 34 u. 221.

Die niedrigste Bevölkerungsdichte findet man 1835 im Gebiet in den Grenzen des Landkreises Pirmasens mit 45.5 E/km² und den Spitzenwert in den Grenzen des Landkreises Landau mit 140.3 E/km².

Einige Gründe für diese abweichende Bevölkerungsentwicklung liegen für die Westpfalz zum Teil in der wechselhaften Territorialgeschichte vor 1816 begründet; weiterhin muß berücksichtigt werden, daß die durch den "Code civile" unterstützten Erbsitten der Realteilung auf geringwertigen Böden angesiedelte Betriebe leicht unter die Ackernahrungsgrenze geraten ließ und schließlich die Gewerbefreiheit, die mit der zunächst punktuell aufkommenden Mechanisierung zur Auflösung kleiner Handwerksbetriebe führte. Viele auf diese Weise freigesetzten Arbeitskräfte aus der Westpfalz gingen als Saisonarbeiter oder Taglöhner in die Vorderpfalz oder nach Frankreich (PAUL 1981, III, S. 235). Weitere Gründe dürften während der Industrialisierungsphase und danach in mangelnder oder später Verkehrsanbindung zu suchen sein, in geringer Investitionsbereitschaft und Innovationsarmut mit unterdurchschnittlichem Industrialisierungsgrad als Folge oder einseitiger und voneinander abhängiger und daher für Konjunkturschwankungen anfälliger Industrie, wie z.B. in Pirmasens und Umland. Insgesamt fehlen z.B. ausreichende Alternativen für die im Strukturwandel der Landwirtschaft freigesetzten Arbeitskräfte, sodaß eine Abwanderung von Teilen der erwerbsfähigen Bevölkerung in die Aktivräume einsetzte. Eine Rolle spielt sicher auch, neben der Mentalität der ortsgebürtigen Bevölkerung, daß dem Pfälzerwald und der Grenzlage strukturschwacher Gebiete barriereartige Wirkung bei Diffusionsprozessen wirtschaftlicher Neuerungen zuzuschreiben ist.

In der Vorderpfalz beschränkt sich die hohe Bevölkerungsdichte bis zum Eintritt in die Industrialisierungsphase auf eine von intensivem Weinbau geprägte Zone, dem Haardtrand, der sich in der Höhe von Frankenthal bis zur französischen Grenze in ca. 3 bis 5 km Breite entlang dem Ostabfall des Pfälzerwaldes erstreckt, als eine Hügellandschaft mit Höhen, die um 200 m ü. NN streuen. Diese Landschaft vermittelt zwischen dem morphologisch durch Schwemmkegel pfälzischer Bäche und Lößplatten charakterisierten Vorderpfälzer Tiefland und dem Pfälzerwald. Bezeichnend ist ein relativ kleinflächiger Wechsel an zu Tage anstehenden Gesteinen durch die am Grabenrand stärker in Erscheinung tretende Bruchschollenbildung. Das Substrat der Böden bilden paläozoische magmatische, metamorphe und sedimentäre Gesteine, karbonatische und klastische Sedimente mesozoischen und tertiären Alters und der Löß. Verbreitet sind z.B. die Parabraunerde auf Löß, Rendzina auf Kalkgesteinen, Pararendzina auf mergeliger Unterlage, Braunerde auf verschiedenen Gesteinen und schließlich anthropogen modifizierten Böden in Weinbergslagen, die Rigosole.

Die natürlichen Produktionsvoraussetzungen ergeben sich durch das Makroklima des Oberrheinischen Tieflandes mit seinen thermischen Gunstfaktoren; vorteilhaft macht sich bei Westwetter auch die Stau- und Föhnwirkung (vgl. FLOHN 1954, Karte 1 und 2) am Ostabfall des Pfälzerwaldes mit Wolkenauflösung im Leewirbel bemerkbar, was eine höhere Zahl an Sonnenscheinstunden zur Folge hat. Die Verhältnisse werden durch die geländeklimatische Situation, wie sie sich aus Höhenlage, Hangneigung und Hangexposition ergibt, örtlich abgewandelt und bestimmten die Grenzen des Weinbaus zum Vorderpfälzer Tiefland hin (TICHY 1954; GEIGER 1981). Bevölkerungs- und sozialgeographisch von ausschlaggebender Bedeutung ist vor allem bezeichnend, daß der Weinbau im Vergleich mit dem Anbau anderer Nutzpflanzen, auch anderen Sonderkulturen, die meisten Arbeitskräfte (AK-Einheiten) und Spezialkenntnisse braucht, aufgrund anspruchsvoller Pflege den Anbau anderer Nutzpflanzen im selben Betrieb stark einschränkt und pro Hektar soviel Erlös bringt, daß eine Familie sich von einer kleinen Anbaufläche ernähren kann. Unter den gegebenen physisch-geographischen Voraussetzungen kann so die Rebe die wirtschaftlich günstigste Nutzpflanze in Realteilungsgebieten mit hohem Besatz an Kleinbetrieben werden. Von Bedeutung ist schließlich, daß die Art des Produkts und sein Absatz ausgedehntere Interaktionsfelder schafft, im Vergleich z.B. zu einer Landwirtschaft mit Getreide und Hackfrucht als wesentliche Anbaufrüchte, so daß dadurch und aus dem Wettbewerbsdruck eine größere Flexibilität und Innovationsbereitschaft der Erzeuger erwächst.

Aus diesen Zusammenhängen, dem daraus entstehenden Wohlstand, den auch das im Umfeld angesiedelte Weinbaubedarfs-Gewerbe teilte, wird verständlich, daß intensiver Weinbau über eine größere Zeitspanne eine "bevölkerungsverdichtende Wirkung" ausübt und die "Grundtendenz der Verstädterung" aufweist (RUPPERT 1960, SCHRÖDER 1953).

Seit 1835 ist bereits eine zunehmende Bevölkerungsdichte im Nordosten des Vorderpfälzer Tieflands und der Oberrheinniederung festzustellen, die 1871, wenn man das Gebiet in den Grenzen des Landkreises Ludwigshafen betrachtet, schon fast gleich dicht wie die Weinbauzonen bevölkert ist. Zwischen diesen beiden Erhebungen verzeichnet die Pfalz durch die Auswanderung von ca. 30.000 Personen ein auf die Bevölkerungsentwicklung sich einschneidend auswirkendes Ereignis, hauptsächlich ausgelöst durch die politische Lage mit ihrem Höhepunkt im Scheitern des pfälzisch-badischen Aufstandes 1848 und in der Existenzbedrohung durch Hungersnöte.

Für den fortschreitenden Industrialisierungsprozeß, mit zunehmender Produktion für einen überregionalen Markt, kann auch der Ausbau des Verkehrsnetzes als ein Indikator gelten, denn "die Entwicklung von Straßen, Eisenbahnen, Kanälen und anderen Verkehrswegen ist untrennbar verknüpft mit dem gesamten ökonomischen Wachstumsprozeß" (HAGETT 1973, S. 99). Schon bis zum Ende der 70er Jahre verfügte die Pfalz über ein 594 km langes Eisenbahnnetz wichtiger Ost-West und Nord-Süd-Verbindungen (DÖHN 1981, III, S. 265), und die Tulla'sche Rheinkorrektion war im pfälzischen Abschnitt ebenfalls zwischen 1875 und 1880 abgeschlossen (FELKEL 1972, S. 25).

Mit der Reichsgründung 1871 stabilisierten sich zwar die Verhältnisse, doch hatte die Pfalz in den 70er und 80er Jahren eine Agrarkrise zu bewältigen, die daraus freigesetzten Erwerbstätigen konnten aber von den in der industriellen Kernzone schnell wachsenden Städten aufgefangen werden (z.B. Stadtkreis Ludwigshafen 1871: 310 E/km^2, 1905: 1320 E/km^2; Stadtkreis Kaiserslautern 1871: 187 E/km^2, 1905: 545 E/km^2).

Überhaupt bestand hier eine große Nachfrage nach Arbeitskräften, die vom natürlichen Zuwachs der dort ansässigen Bevölkerung nicht gedeckt werden konnte, zumal, gemäß dem "Gesetz vom doppelten Stellenwert" (SOMBART 1925, GASSERT 1907, IPSEN 1933, ISENBERG 1953, "daß eine Stelle in den Grundleistungen nicht allein gedacht werden kann, sondern immer eine weitere Stelle in den Folgeleistungen mitsetzt (IPSEN 1933, S. 437), die -z.B. für einen mit seiner Familie zugewanderten Industriearbeiter neu geschaffene Arbeitsstelle eine weitere zur Verwirklichung einer der übrigen Daseinsgrundfunktionen zur Folge hat.

Bis zum 1. Weltkrieg hat sich die Verteilung der Bevölkerung in der Pfalz in ihren uns bis heute vorliegenden Grundzügen herauskristallisiert. Nachhaltige Auswirkungen auf den Bestand und die Geschlechtsproportion der Bevölkerung hatten die Menschenverluste des 1. und 2. Weltkrieges, die sich heute noch in deutlichen "Einschnürungen" der Bevölkerungspyramide bemerkbar machen.

Kurzfristig wurde nach dem 2. Weltkrieg die Bevölkerungsverteilung durch die Vertriebenenströme beeinflußt, etwa bis 1960, die eine leicht erhöhte Bevölkerungsdichte in den ländlichen Räumen bis zum Wiederaufbau der Städte hervorriefen.

Um für die Pfalz einen ersten Überblick zur neueren Entwicklung zu gewinnen, wurden die Bevölkerungsdichten aus den Erhebungen der letzten Vorkriegszählung 1939 und der letzten Volkszählung 1970 ermittelt. Es erwies sich für eine Übersicht als vorteilhaft, den Gebietsstand nach der kommunalen Gebietsreform auf Verbandsgemeindebasis darzustellen. Zu berücksichtigen ist dabei, daß die Gemarkungsflächen und die Wohnbevölkerung der inzwischen z.B. in kreisfreien Städten einverleibten Gemeinden, in der Maßzahl für 1939 enthalten sind. Das führt, abweichend von den Angaben in der amtlichen Statistik z.B. für Ludwigshafen mit der eingegliederten Gemeinde Ruchheim zu etwas niedrigeren, für Zweibrücken mit den Gemeinden Mittelbach, Mörsbach, Oberauerbach, Rimschweiler und Wattweiler zu höheren Bevölkerungsdichte.

Legt man die Zunahme der Bevölkerungsdichte in der Pfalz in dieser Zeitspanne um 49,7 E/km^2 (Rhld.Pf.: 35 E/km^2) als Maßeinheit für die Betrachtung nach den o.g. Gebietseinheiten zu-

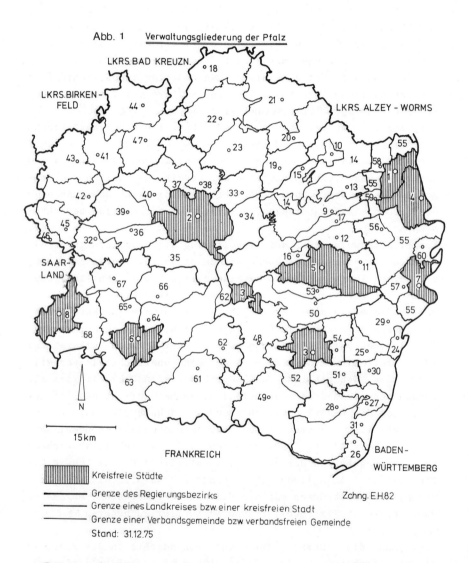

Abb. 1 Verwaltungsgliederung der Pfalz

grunde, dann ergibt sich ein sehr differenziertes Verteilungsbild, das Hinweise auf die Entwicklungsdynamik des Raumes enthält (Abb. 1a und 2).
Am markantesten heben sich, durch z.T. weit über der Gesamtzunahme der Pfalz liegende Veränderungen der Bevölkerungsdichte, Gebietseinheiten in der nördlichen Oberrheinniederung und im nördlichen Vorderpfälzer Tiefland ab, außerdem in der Kaiserslauterer Senke und im Eisenberger Becken; sie sind Aktivräume unterschiedlichen Entfaltungsgrades.
Im einzelnen handelt es sich unter den Aktivräumen stärkster und mittlerer Ausprägung um Ludwigshafen, das mit 8,4 facher Zunahme gegenüber der Pfalz an der Spitze liegt, gefolgt von Frankenthal (5,7 f.) und Speyer (5,5 f.). Gleiche Tendenz zeigen die verbandsgemeindefreien Gemeinden Grünstadt (4 f.), Haßloch und Germersheim (3,5 f.), ebenso die Verbandsgemeinde Maxdorf (4,2 f.) und der Landkreis Ludwigshafen (3,2 f.). Was in Abb. 1a nur abgeschwächt zum Ausdruck kommt, ist der Aktivraum im Südosten der Pfalz, markiert durch die Gemeinde Wörth a. Rh. Das hat seinen Grund in der extremen Streuung der Gemarkungsflächen dieser Verbandsgemeinde (Büchelberg rd. 100 km^2, Schaidt 4,93 km^2, Wörth a. Rh. 18,59 km^2) und darin, daß Wörth a. Rh. und Büchelberg zwei in entgegengesetzter Richtung sich entwickelnde Gemeinden sind.
Eine Häufung von Ungunstfaktoren beeinträchtigen die Entwicklung der Gemeinde Büchelberg, von denen nur einige genannt seien: die Nachteile der Grenzlage, Kriegsfolgen, Abseitslage im Bienwald, eine Zerstückelung der landwirtschaftlich genutzten Fläche (von 69 Betrieben haben 56 11 u.m. voneinander getrennte Teilstücke zu bewirtschaften), Böden vorwiegend auf miozänen Kalken mit nur mittleren Ertragsmeßzahlen. So weist diese Gemeinde, die 1939 noch 2.086 E. und 1970 nur noch 942 E. hatte, mit 55 % einen relativ hohen Bevölkerungsschwund unter den pfälzischen Gemeinden auf.
Dagegen hat sich Wörth a. Rh. durch die Niederlassung zweier Unternehmen, Daimler-Benz AG seit 1963 und Mobil-Oil AG ab 1970, von einer Auspendlergemeinde zu einem Einpendelzentrum

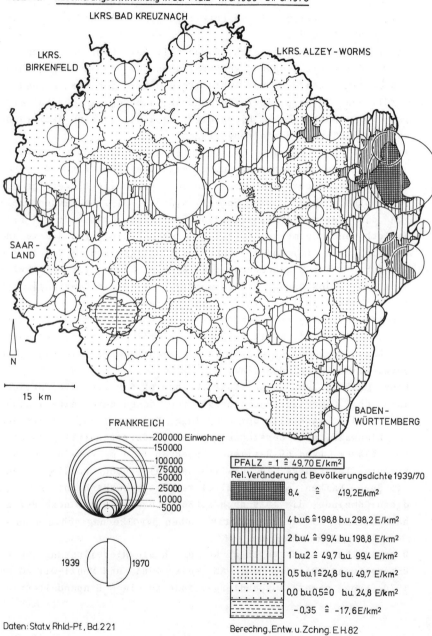

Abb. 1a Bevölkerungsentwicklung in der Pfalz 17.5.1939 – 27.5.1970

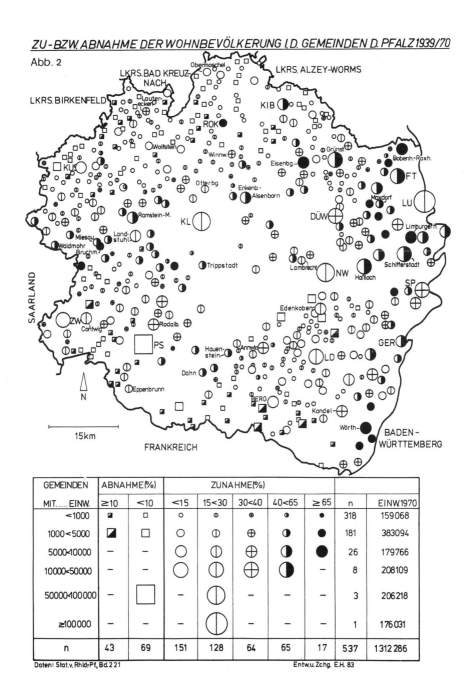

Abb. 2 ZU- BZW. ABNAHME DER WOHNBEVÖLKERUNG I.D. GEMEINDEN D. PFALZ 1939/70

gewandelt, verbunden mit einer Bevölkerungszunahme um 143 %
(1939: 2.890 E.).
Eine weit geringere Zunahme der Bevölkerungsdichte verzeichnet
die Stadt Kaiserslautern, die um das 2,8 fache die der Pfalz
übertrifft. Die Verbandsgemeinden westlich und nordöstlich von
Kaiserslautern erreichen nur wenig höhere Werte als die für die
Pfalz errechneten; mit dem 1,4 fachen über der Pfalz liegen sie
in den Verbandsgemeinden Waldmohr und Eisenberg am höchsten.
An diese Aktivräume schließen sich Zonen an, deren Entwicklungsdynamik so gering ist, daß sie z.T. weit unter dem für die
Pfalz ermittelten Wert liegen. Als Stagnations- bzw. Passivräume extremer Ausprägung erweisen sich die Verbandsgemeinden Bad
Bergzabern, im Norden des Donnersbergkreises Alsenz-Obermoschel
und Wolfstein im Landkreis Kusel, ebenso die Verbandsgemeinde
Dahn im Landkreis Pirmasens. Als ein Gebiet mit leichter Abnahme der Bevölkerungsdichte ist Pirmasens eine Ausnahme unter den
kreisfreien Städten der Pfalz.
Ein stärker gegliedertes Verteilungsbild vermittelt die Darstellung der relativen Bevölkerungsveränderung auf Gemeindebasis in Abhängigkeit von der Gemeindegrößenklasse für dieselbe
Zeitspanne (Abb. 2 u. 3).

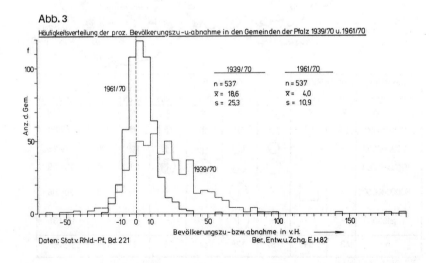

Abb. 3
Häufigkeitsverteilung der proz. Bevölkerungszu-u-abnahme in den Gemeinden der Pfalz 1939/70 u.1961/70

Die höchsten absoluten und relativen Zunahmen findet man im Umland von Ludwigshafen; es sind die Arbeiter-Angestellten-Wohngemeinde Limburgerhof (187,9 % = 5.752 E.), die Arbeiterwohngemeinde Beindersheim (175,8 % = 1.500 E.) und Birkenheide (94,4 % = 983 E.). Wörth a. Rh. wurde bereits oben erwähnt. Dagegen findet man den Verbreitungsschwerpunkt der Gemeinden mit 30 % u.m. Bevölkerungsverlust mit zwei Ausnahmen (Büchelberg und Dierbach) im südlichen, grenznahen Teil des Landkreises Pirmasens und die höchste prozentuale Bevölkerungsabnahme in Rutsweiler a.d. Lauter südlich Wolfstein mit 60,9 % (= 432 E.). Eine Übersicht zur Verteilung der Gemeinden mit Bevölkerungverlust (21 % von 537 Gem.) auf die einzelnen Landkreise läßt deutlich die strukturschwachen Räume in der Westpfalz hervortreten (Tab. 5).

Tab. 5: Verteilung der Gemeinden mit Bevölkerungsabnahme 1939/70 auf die Landkreise

Landkreis	Bevölkerungs-zunahme i.v.H.	Anzahl der Gemeinden mit Bevölkerungsverlust	im Landkreis
Bad Dürkheim	35,3	0	50
Donnersbergkreis	22,8	29	85
Germersheim	38,0	5	36
Kaiserslautern	38,3	2	49
Kusel	16,1	31	106
Landau-Bad Bergz.	11,4	15	84
Ludwigshafen	56,8	0	26
Pirmasens	23,6	17	58
Zweibrücken	18,2	12	35
Kreisfreie Städte	20.9	1	8
Pfalz		112	537

Zusammengestellt n. Stat. v. Rhld.-Pf., Bd. 221

Faßt man die Einzelergebnisse nach Gemeindegrößenklassen für die Pfalz zusammen (Tab. 6), so wird deutlich, daß in Gemeinden mit 5.000 b.u. 10.000 E. gegenüber 1939 jetzt (1970) fast dreimal soviel Menschen wohnen; gleichzeitig fielen die Gemeinden mit weniger als 500 E. am weitesten unter den Stand von 1939. Aus den herkömmlichen Karten der absoluten Bevölkerungsverteilung oder aus solchen der Bevölkerungsdichte sind zwar Verteilungsmuster ersichtlich, doch ist daraus die Bedeutung der Lage eines Ortes zu den übrigen Orten und der Grad der Wahrscheinlichkeit einer wechselseitigen Beeinflussung nicht unmittelbar abzuleiten. Eine Möglichkeit, darüber Anhaltspunkte zu gewinnen, bietet das Bevölkerungspotential, dessen Theorie und Anwendung im wesentlichen auf STEWART zurückgeht (vgl. vor allem STEWART 1974, STEWART und WARNTZ 1958). Daß man aber die Nützlichkeit eines solchen Maßes im Ansatz schon früh erkannt hat, beweist u.a. z.B. eine Notiz von FITZAU (1899) über einen von BLIND vorgetragenen quantitativen Ausdruck der Verkehrsbedeutung einer Stadt in Bezug auf andere Städte.

Tab. 6: Bevölkerungsentwicklung in der Pfalz 1939/70
Errechnet n. Stat. v. Rhld.-Pf., Bd. 221

Gemeindegrößen-klasse	Wohnbevölkerung 1939	1970	Veränderung i.v.H. (1939 = 100 %)
< 200	5.239	4.380	83.60
200 < 500	53.801	44.868	83.40
500 < 1.000	107.848	109.820	101.83
1.000 < 2.000	160.389	144.599	90.15
2.000 < 5.000	183.617	238.495	129.89
5.000 < 10.000	60.353	179.766	297.86
10.000 < 20.000	33.555	61.095	182.07
20.000 < 50.000	156.572	147.014	93.89
50.000 < 100.000	136.769	206.218	150.78
≧100.000	144.425	176.031	121.88
Zus.	1.042.568	1.312.286	125.87

Das Bevölkerungspotential stellt eine Form der in den Wirtschafts- und Sozialwissenschaften angewandten Potentialmethode dar, die als Analogiemodelle zu NEWTONs Gesetz der Massenanziehung aufzufassen sind. "Ein solches Potentialmaß stellt den gesamten Einfluß aller Massenelemente an jedem Punkt des Raumes dar, wobei dieser Einfluß durch Entfernung abgeschwächt wird. Die Werte solcher Potentiale an den einzelnen Standorten spiegeln seine Lage im gesamten Raumsystem .... Der Vorteil von Potentialmaßen ergibt sich aus der Feststellung, daß eine Reihe sozioökonomischer Variablen mit dem Potentialmaß korreliert sind" (ISARD /REINER 1966 abgedruckt in BARTELS 1970, S. 439). Folgende Leitidee liegt zugrunde: Anstelle der physikalischen Masse tritt die Bevölkerungszahl, die man sich z.b. in einem sinnvoll gewählten Punkt in einer Verwaltungseinheit (Landkreis, Verbandsgemeinde, Gemarkung einer kreisfreien Stadt oder einer verbandsgemeindefreien Gemeinde) vereinigt vorstellt; als Distanz dieser Konzentrationspunkte wird die Luftlinienentfernung eingesetzt. Demnach ist der Grad der Wahrscheinlichkeit wechselseitiger Beziehung proportional der Bevölkerungszahl in den Konzentrationspunkten und umgekehrt proportional ihrer Distanz:

$$P_i = \sum_{j=1}^{n} \frac{E_j}{D_{i,j}^b}$$

P_i ist das Bevölkerungspotential des i-ten Ortes bzw. Konzentrationspunktes, E_j die Bevölkerungszahl des j-ten Ortes. $D_{i,j}$ die Distanz zwischen dem i-ten und dem j-ten Ort und b ist der Exponent der Distanz.

Liegen genügend und einigermaßen gleichmäßig verteilte Konzentrationspunkte mit berechneten Potentialen vor, dann kann eine Karte mit Linien gleicher Potentiale gezeichnet werden. Der Größe des Untersuchungsgebietes (ohne Landkreis Kusel und Donnersbergkreis) entsprechend, wurde der Versuch unternommen, Karten des Bevölkerungspotentials in Isoliniendarstellung für die Jahre 1939, 1950, 1961 und 1970 einschließlich der prozentualen Veränderung des Bevölkerungspotentials in den Zeitspannen 1939/50, 1950/61 und 1961/70 darzustellen und zwar auf der Grundlage der Bevölkerungszahl von Verbandsgemeinden, verbandsgemeindefreien Gemeinden und kreisfreien Städten. Am häufigsten sind die Verbandsgemeinden vertreten. Die Bevölkerung der Gliedgemeinden denkt man sich in der Gemeinde konzentriert, in der sich auch der Verwaltungssitz befindet.

Von ausschlaggebendem Einfluß ist die Größe des Distanzexponenten, der hier gleich 1 gesetzt ist, um eine leicht generalisierte Darstellung des Potential-"Reliefs" zu erreichen. Umgekehrt werden bei b > 1 die kleinräumigen Verhältnisse hervorgehoben und die großräumigen treten entsprechend zurück. Außerdem muß jedem Konzentrationspunkt eine Eigendistanz zugeordnet werden; wird sie zu groß gewählt, tritt ein Einebnungseffekt bezüglich des Eigenpotentials auf, während umgekehrt das Eigenpotential zu stark betont wird. Im vorliegenden Fall wurde der halbe Radius der mittleren Fläche aller zugrundeliegenden Verwaltungseinheiten mit D_E = 2.5 km gewählt, der auch von keiner anderen Distanz unterschritten wird. Ausführlich werden diese Probleme in der Arbeit von KEMPER et al. (1979) diskutiert, die auch auf der Kreisbasis berechnete Darstellungen des Bevölkerungspotentials der BRD enthält.

Aus diesen Karten und denen von KULS (1980) geht hervor, daß sich das Untersuchungsgebiet westlich bis südwestlich eines lokalen Potentialhochs im Bereich des Rhein-Neckar-Raumes befindet, das selbst Teil eines in der Hauptsache (wenn man von Hamburg absieht) NW-SE orientierten Potentialrückens ist, mit Maximalwerten im Ruhrgebiet, Frankfurter Raum, in Stuttgart und München. Dieses Band höherer Bevölkerungspotentialwerte ist nahezu identisch mit der von GATZWEILER (1976) beschriebenen Achse mit Bedarf an Arbeitskräften, hohem Wanderungsgewinn und qualifiziertem Arbeitsplatzangebot.

Beim Vergleich der Bevölkerungspotentialkarten des Untersu-

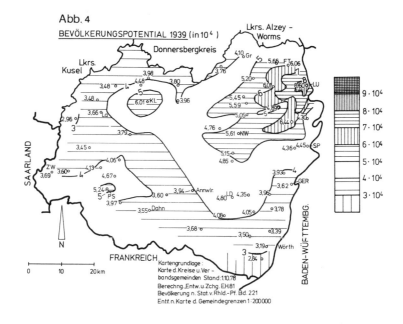

Abb. 4 BEVÖLKERUNGSPOTENTIAL 1939 (in 10⁴)

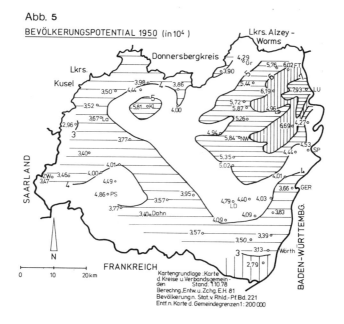

Abb. 5 BEVÖLKERUNGSPOTENTIAL 1950 (in 10⁴)

chungsgebietes fällt vor allem eine beharrende Grundstruktur in der Tendenz der Potentialverteilung auf, die annähernd mit dem Verbreitungsbereich überdurchschnittlicher Werte übereinstimmt (Abb. 4-7). Die Kernräume relativ hohen Potentials sind erwartungsgemäß identisch mit Ludwigshafen und Kaiserslautern. Während die Potentialwerte im Kaiserslauterner Raum eine inselartige Struktur abbilden, weist der Bereich westlich und besonders südwestlich von Ludwigshafen eine reichere Differenzierung auf. Hier reichen, wie es die Karten von 1961 und 1970 zeigen, Potentialrücken bis in den Raum von Neustadt a.d.W. und Landau. Eine in ihrer Begrenzung nicht beständige inselhafte Struktur stellt der Raum Pirmasens dar, der von 1939 bis 1970 von unterdurchschnittlichen Werten umgeben ist.
In diesen Jahren (s. Tab. 7) weist die im Südosten der Pfalz an Frankreich und Baden-Württemberg grenzende Verbandsgemeinde Hagenbach, bestehend aus den Gliedgemeinden Scheibenhardt, Berg, Neuburg a.Rh. und Hagenbach, die niedrigsten Potentialwerte auf (x_{min}), während Ludwigshafen durch Spitzenwerte ausgewiesen ist (x_{max}). Entsprechend der Bevölkerungsentwicklung ist eine allgemein steigende Tendenz der Potentialwerte für diese Zeitspanne zu beobachten, das Jahr 1950 ausgenommen, das noch die labile Bevölkerungsverteilung der Nachkriegszeit wiedergibt.

Tab. 7: Lageparameter und Streuungsmaße der Bevölkerungspotentiale
(n = 53; $\bar{x}$, x_{max}, x_{min}, R, Me und s in 10^4)

Jahr	$\bar{x}$	x_{max}	x_{min}	$R = x_{max} - x_{min}$	Me	s	$v = \dfrac{100 \cdot s}{\bar{x}}$
1939	4.40	8.60	2.84	5.76	4.06	1.04	23.6
1950	4.41	7.94	2.79	5.15	4.03	1.04	23.6
1961	5.27	10.16	3.29	6.87	4.79	1.32	25.0
1970	5.61	10.90	3.69	7.21	5.09	1.44	25.7

Errechnet nach Daten aus Stat. v. Rhld.-Pf., Bd. 221

Leichter überschaubar werden die räumlichen Verhältnisse, wenn
man die relative Veränderung der Bevölkerungspotentiale in Isolinien darstellt. In der Karte für den Zeitraum 1939/50 (Abb.8)
macht sich deutlich die noch nicht überwundene Entvölkerung der
kriegszerstörten Städte bemerkbar, ebenso im Süden, in einer
der Grenze zu Frankreich parallel verlaufenden Zone. So hat
Ludwigshafen noch ein Defizit von rd. 8% des Bevölkerungspotentials von 1939 zu verzeichnen, gefolgt von Pirmasens mit -7%,
Zweibrücken mit -6% und Kaiserslautern mit -3,4%. Ausnahmen bilden die von Kriegseinwirkungen weniger betroffenen Städte Neustadt a.d.W. und Speyer. Neustadt a.d.W. ist Teil eines Bereichs, der in diesem Zeitraum durch Evakuierte und Vertriebene
einen Zuwachs an Bevölkerungspotential von 3% und mehr aufweist
und (in den heutigen Grenzen) den Landkreis Bad Dürkheim, den
Landkreis Ludwigshafen (mit Schifferstadt als Konzentrationspunkt) und die Verbandsgemeinden Maikammer und Edenkoben umfaßt.
Eine Ablösung der kriegsbedingt erzwungenen Wanderungen von den
Städten und verstädterten Zonen in die mehr ländlich geprägten,
mit relativ gut erhaltener Wohnfunktion, durch umgekehrte Wanderungsbewegungen, legt die Karte für die Zeitspanne 1950/61
nahe (Abb. 9). Die relativen Veränderungen kulminieren in den
Konzentrationspunkten von Ludwigshafen (28%) und Kaiserslautern
(27%), an die sich ein Bereich stetiger Abnahme zu einer von
Hettenleidelheim in die südliche Vorderpfalz verlaufende, um
Landau sich in W-E-Richtung verbreiternde Depression unterdurchschnittlicher Werte ($\bar{x}$ = 19%) anschließt, mit niedrigsten
Werten (14%) im Raum Maikammer und Edenkoben.
Die überdurchschnittlich relativen Veränderungen ($\bar{x}$ = 6.4%) im
Zeitraum 1961/70 (Abb. 10) beschränken sich im wesentlichen auf
die Vorderpfalz. Am geringsten, mit 1.9%, nahm das Bevölkerungspotential von Pirmasens zu. Hervorzuheben ist, daß nicht
mehr die Städte höhere relative Potentialzunahmen zu verzeichnen haben, sondern ihr Umland. Am auffälligsten ist die Veränderung um Ludwigshafen ausgeprägt, weniger stark tritt sie um
Kaiserslautern, Pirmasens und Zweibrücken in Erscheinung. Die

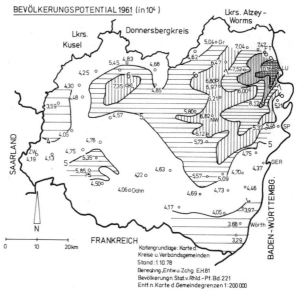

Abb. 6
BEVÖLKERUNGSPOTENTIAL 1961 (in 10⁴)

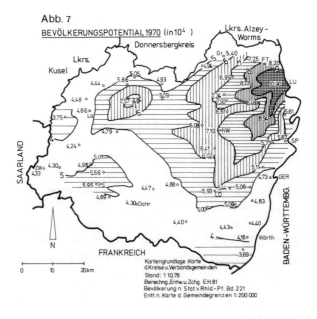

Abb. 7
BEVÖLKERUNGSPOTENTIAL 1970 (in 10⁴)

Tab. 8: Mittlere prozentuale Veränderungen des Bevölkerungspotentials 1939/70 (n = 53)

	1939/50	1950/61	1961/70
$\bar{x}$	0.19	19.30	6.38
s	3.10	2.79	2.40

Errechnet nach Daten aus Stat. v. Rhld.-Pf., Bd. 221

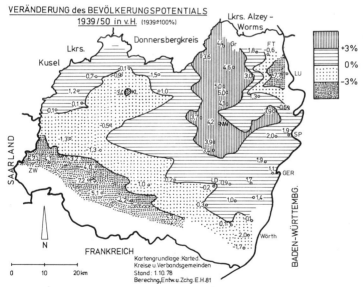

Abb. 8
VERÄNDERUNG des BEVÖLKERUNGSPOTENTIALS 1939/50 in v.H. (1939≙100%)

höchste relative Zunahme findet man im Südosten der Pfalz mit
Wörth a.Rh. als Kernraum, einem die Lagegunst nützenden und
sich schnell entwickelnden Industriestandort, dessen Bevölkerungspotential von 1970 aber immer noch unter dem Durchschnitt
des Untersuchungsgebietes liegt.
Ergänzend zu der relativen Veränderung des Bevölkerungspotentials wurde für dieselbe Zeitspanne ein Gesamtmaß für die Entwicklungstendenzen der Bevölkerung berechnet, wiederum auf Verbandsgemeindebasis für die gesamte Pfalz, der sogenannte Mobilitätsindex (vgl. v. BORRIES 1969, S. 11 ff.). Dazu wurden für die
betreffenden Jahre die Bevölkerungszahlen der n = 68 Verwaltungseinheiten in eine Rangordnung gebracht (s. Tab. 9) und die
Summe der Rangzifferänderungen $\sum \Delta R$ in den Zeiträumen in v.H.
der maximal möglichen ermittelt:

$$\text{Mobilitätsindex} \quad M = \frac{\sum \Delta R \cdot 100}{R_{max}} \qquad R_{max} = \frac{n^2}{2}$$

Einer totalen Umkehr der Rangreihe gegenüber der verglichenen
würde M = 100 entsprechen.

Tab. 9: Mobilitätsindices für die Pfalz

	1939/50	1950/61	1961/70	1939/70
M	8.30	9.08	8.91	14.01

Errechnet nach Daten aus Stat. v. Rhld.-Pf., Bd. 221

Die relativ niedrigen Mobilitätsindices zeigen an, daß sich die
Schwankungsbreite der Verschiebungen in der Rangfolge für die
meisten der Gebietseinheiten in engen Grenzen hält, wobei aufgrund der geringen Differenz zwischen dem Index für 1950/61 und
1961/70 mehr Übereinstimmung angenommen werden kann als mit dem
Index für 1939/50. Die Rangverschiebungen in den einzelnen Ge-

Abb. 9

VERÄNDERUNG des BEVÖLKERUNGSPOTENTIALS 1950/61 in v.H. (1950 ≙ 100%)

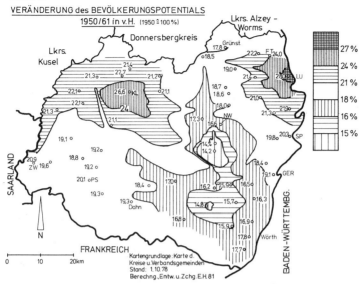

Abb. 10

VERÄNDERUNG des BEVÖLKERUNGSPOTENTIALS 1961/70 (1961 ≙ 100%)

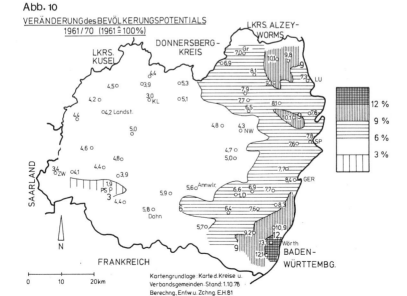

Tab. 10 : Bevölkerungsentwicklung in den Grenzen von Verbandsgemeinden, kreisfreien Städten und verbandsgemeindefreien Gemeinden nach Rangziffern (Lage der Gebietseinheiten s. Abb. 1).

Gebiet	Rangziffer				Veränderung d. Rangziffer				Absolute Summe d. Rangziffer-veränderung
	1939	1950	1961	1970	1939–1950	1950–1961	1961–1970	1939–1970	
	(1)	(2)	(3)	(4)	(5)	(6)	(7)	(8)	(9)
1 Frankenthal	9	9	9	7	0	0	+2	+2	2
2 Kaiserslautern	2	2	2	2	0	0	0	0	0
3 Landau	7	8	8	8	-1	0	0	-1	1
4 Ludwigshafen	1	1	1	1	0	0	0	0	0
5 Neustadt a.d.W.	5	5	5	5	0	0	0	0	0
6 Pirmasens	3	4	4	4	-1	0	0	-1	1
7 Speyer	8	6	6	6	+2	0	0	+2	2
8 Zweibrücken	6	7	7	9	-1	0	-2	-3	3
9 Bad Dürkheim	23	19	18	16	+4	+1	+2	+7	7
10 Grünstadt	51	50	46	43	+1	+4	+3	+8	8
11 Hassloch	25	24	20	12	+1	+4	+8	+13	13
12 VG Deidesheim	45	41	47	50	+4	-6	-3	-5	13
13 VG Freinsheim	35	28	30	38	+7	-2	-8	-3	17
14 VG Grünstadt-Ld.	16	12	14	15	+4	-2	-1	+1	7
15 VG Mettenleidelh.	56	49	54	51	+7	-5	+3	+5	15
16 VG Lambrecht	18	15	15	19	+3	0	-4	-1	7
17 VG Wachenheim	66	64	66	66	+2	-2	0	0	4

Fortsetzung von Tab. 10

Gebiet	(1)	(2)	(3)	(4)	(5)	(6)	(7)	(8)	(9)
18 VG Alsenz-Oberm.	42	43	52	59	-1	-9	-7	-17	17
19 VG Eisenberg	53	54	45	37	-1	+9	+8	+16	18
20 VG Göllheim	44	38	51	54	+6	-13	-3	-10	22
21 VG Kirchheimbol.	17	13	19	21	+4	-6	-2	-4	12
22 VG Rockenhausen	30	27	29	31	+3	-2	-2	-1	7
23 VG Winnweiler	36	36	35	41	0	+1	-6	-5	7
24 Germersheim	49	60	50	40	-11	+10	+10	+9	31
25 VG Bellheim	41	40	44	46	+1	-4	-2	-5	7
26 VG Hagenbach	59	62	62	53	-3	0	-9	+6	12
27 VG Jockrim	43	45	48	36	-2	-3	+12	+7	17
28 VG Kandel	29	31	33	28	-2	-2	-5	+1	9
29 VG Lingenfeld	39	33	32	33	+6	+1	-1	+6	8
30 VG Rülzheim	40	39	38	39	+1	+1	-1	+1	3
31 VG Wörth a. Rh.	32	51	41	24	-19	+10	+17	+8	46
32 VG Bruchmühlbach-M.	57	55	49	49	+2	+6	0	+8	8
33 VG Enkenbach-Als.	52	48	39	42	+4	+9	-3	+10	16
34 VG Hochspeyer	65	65	64	67	0	+1	-3	-2	4
35 VG Kaiserslautern-Süd	61	61	57	57	0	+4	0	+4	4
36 VG Landstuhl	20	23	16	20	-3	+7	-4	0	14
37 VG Otterbach	50	47	53	56	+3	-6	-3	-6	12
38 VG Otterberg	48	53	55	58	-5	-2	-3	-10	10

Fortsetzung von Tab. 10

Gebiet	(1)	(2)	(3)	(4)	(5)	(6)	(7)	(8)	(9)
39 VG Ramstein-M.	24	21	13	14	+3	+8	-1	+10	12
40 VG Weilerbach	47	44	42	47	+3	+2	-5	0	10
41 VG Altenglan	27	29	27	30	-2	+2	-3	-3	7
42 VG Glan-Münchweiler	37	37	36	45	0	+1	-9	-8	10
43 VG Kusel	14	17	21	23	-3	-4	-2	-9	9
44 VG Lauterecken	19	16	23	26	+3	-7	-3	-7	13
45 VG Schönenbg.-Küb.	38	34	31	34	+4	+3	-3	+4	10
46 VG Waldmohr	67	67	67	68	0	0	-1	-1	1
47 VG Wolfstein	34	32	40	48	+2	-8	-8	-14	18
48 VG Annweiler a.Tr.	12	14	12	13	-2	+2	-1	-1	5
49 VG Bad Bergzabern	10	11	10	10	-1	+1	0	0	2
50 VG Edenkoben	11	10	11	11	+1	-1	0	0	2
51 VG Herxheim	31	30	28	29	+1	+2	-1	+2	4
52 VG Landau-Land	21	20	26	27	+1	-6	-1	-6	8
53 VG Maikammer	55	52	60	64	+3	-8	-4	-9	15
54 VG Offenbach/Queich	54	56	59	60	-2	-3	-1	-6	6
55 Lkrs.Ludwigshafen	4	3	3	3	+1	0	0	+1	1
56 VG Darmstadt-Sch.	60	58	56	52	+2	+2	+4	+8	8
57 VG Dučenhofen	63	63	63	63	0	0	0	0	0
58 VG Hessheim	68	68	68	61	0	0	+7	+7	7
59 VG Maxdorf	62	59	58	55	+3	+1	+3	+7	7
60 VG Waldsee	64	66	65	65	-2	+1	0	-1	3

Fortsetzung von Tab. 10

Gebiet	(1)	(2)	(3)	(4)	(5)	(6)	(7)	(8)	(9)
61 VG Dahn	15	26	24	22	-11	+2	+2	-7	15
62 VG Pirmasens-Ld.	33	42	37	35	-9	+5	+2	-2	16
63 VG Rodalben	22	22	22	18	0	0	+4	+4	4
64 VG Thaleischwlr.-Fr.	26	35	34	32	-9	+1	+2	-6	12
65 VG Waldfischb.-Burg.	28	25	25	25	+3	0	0	+3	3
66 VG Hauenstein	46	46	43	44	0	+3	-1	+2	4
67 VG Wallhalben	58	57	61	62	+1	-4	-1	-4	6
68 VG Zweibrücken-Ld.	13	18	17	17	-5	+1	0	-4	6

1 - 8 Kreisfreie Städte
9, 10, 11 u. 24 verbandsgemeindefreie Gemeinden
VG Verbandsgemeinde

9 - 17 Lkrs. Bad Dürkheim
18 - 23 Donnersbergkreis
25 - 31 Lkrs. Germersheim
32 - 40 Lkrs.-Kaiserslautern
41 - 47 Lkrs. Kusel
48 - 54 Lkrs. Landau - Bad Bergzabern
55 - 60 Lkrs. Ludwigshafen
61 - 68 Lkrs. Pirmasens

bietseinheiten sind aus Tab. 10 ersichtlich.
Während von 1939 bis 1970 von den kreisfreien Städten für Ludwigshafen, Kaiserslautern und Neustadt a.d.W. keine Rangplatzverschiebungen eintraten, konnten sich Frankenthal und Speyer um zwei Rangplätze verbessern, dagegen haben sich Landau und Pirmasens um einen und Zweibrücken um drei Rangplätze verschlechtert. Die bedeutendste Rangverbesserung, um 16 Plätze, kommt der Vgde. Eisenberg im südlichen Donnersbergkreis zu, ihr folgt die Stadt Haßloch mit 13 Plätzen. Höchste Ausmaße der Rangverschlechterung, um 17 Plätze, findet man im Donnersbergkreis in der Vgde. Alsenz-Obermoschel und um 14 Plätze in der Vgde. Wolfstein, im Landkreis Kusel.
Zwar kann eine Rangplatzveränderung, weil sie keine Rückschlüsse auf die wirkliche Bevölkerungsdifferenz zuläßt, nur bedingt für eine Umschreibung der Dynamik der Bevölkerungsentwicklung verwendet werden, doch ist z.B. unübersehbar, daß die Vgde. Wörth a.Rh. in dieser Zeitspanne alle anderen in der absoluten Summe der Rangplatzdifferenzen bei weitem übertrifft. Sie lag 1939 an 32. Stelle, 1950 an 51., 1961 an 41. und schließlich 1970 aufgrund der schon oben erwähnten Entwicklung, auf dem Rangplatz 24.
Der Mobilitätsindex, als ein Gesamtmaß für die Dynamik der Bevölkerung in den Gebietseinheiten in einer bestimmten Zeitspanne, sagt nichts darüber aus, ob ihre räumliche Verteilung gleichmäßig ist oder Tendenzen zur Konzentration ausgebildet sind. Die bereits oben festgestellte Beständigkeit des Grundmusters der Verteilung des Bevölkerungspotentials legt aber die Vermutung nahe, daß in dieser Zeitspanne die Bevölkerungskonzentration nur unwesentlichen Schwankungen unterworfen war.
Ein Maß dazu ist der Agglomerationsindex

$$A = \sum |x_i - y_i| / 2$$

x_i entspricht hier dem prozentualen Anteil der Fläche der Gebietseinheit an der gesamten Fläche der Pfalz, y_i entspricht dem prozentualen Anteil der Bevölkerung der Gebietseinheit an

der Gesamtbevölkerung der Pfalz. Die halbe Summe dieser Differenzen ergeben den Agglomerationsindex A, der Werte zwischen 0 (= gleichmäßige räumliche Verteilung der Bevölkerung) und 100 (= die gesamte Bevölkerung befindet sich in einer Gebietseinheit) annehmen kann.
Folgende Werte wurden gefunden:

Tab. 11: Agglomerationsindices für die Pfalz

Jahr	1939	1950	1961	1970
A	34.52	31.62	35.0	35.12

Errechnet nach Daten aus Stat. v. Rhld.-Pf., Bd. 221

So bedeutet z.B. der Index von 1970, daß die Bevölkerungsverteilung der Pfalz um rund 35 % von einer gleichverteilten Bevölkerungsdichte abweicht (vgl. DUNCAN et. al. 1961 in v. BORRIES 1969, S. 8).
Die Werte ordnen sich gut in die von v. BORRIES (1969, S. 13) für die BRD mitgeteilten ein. Sie sind zwar nicht in ihrem Betrag vergleichbar, weil andere Gebietseinheiten zugrundeliegen, wohl aber in ihrer Tendenz. Die Werte für 1950 liegen niedriger und zeigen somit eine Entwicklung in Richtung Gleichverteilung an, was aber nur durch die kriegsbedingte Umverteilung der Bevölkerung zu erklären ist. Dieser Einfluß ist bereits 1961 aufgehoben, und die Werte knüpfen ohne wesentliche Unterschiede wieder an die von 1939 an, mit leichter Tendenz zur weiteren Konzentration.
Sind bisher die großräumigen Strukturen der Bevölkerungsverteilung und ihrer Entwicklung von 1939 bis 1970 hauptsächlich auf Verbandsgemeindebasis als Gebietseinheit herausgestellt worden, gilt es jetzt zu einer Darstellung der oft beträchtlichen räumlichen Unterschiede im Altersaufbau auf Gemeindebasis und der damit in Beziehung stehenden generativen Strukturen zu kommen.

4.0. Räumliche Ausprägung der Bevölkerungsstruktur

Die Ausprägung der Sexualproportion und der Altersstruktur als wesentliche Merkmale einer Bevölkerung sind nicht allein auf die Beurteilung ihrer biologischen Reproduktionskraft bedeutungsvoll, sie haben auch erheblichen Einfluß auf raumwirksame Verhaltensweisen, wie sie in den Daseinsgrundfunktionen zum Ausdruck kommen.
Angaben über die Struktur der Wohnbevölkerung zu einem bestimmten Zeitpunkt werden von der amtlichen Statistik u.a. über die Aufbereitung der Einwohnerzahl nach Geschlecht, Altersklassen, Familienstand, Konfessionszugehörigkeit, Ein- und Mehrpersonenhaushalte und Erwerbsstruktur zugänglich gemacht.
Mit diesen Daten ist schon eine breite Grundlage für die Typisierung und für prognostische Zwecke gegeben, es wäre jedoch wünschenswert, wenn in den Ergebnissen der Volkszählung Angaben über Geborene und Sterbefälle auf Gemeindebasis für die Jahre zwischen den Volkszählungen enthalten wären, um z.b. die biologische Reproduktionskraft über eine längere Zeitspanne zu verfolgen. Wie noch zu zeigen ist, können über den Altersaufbau einer Gemeinde dazu Näherungswerte berechnet werden, die dann einer Bereinigung bedürfen. Hierzu kommt noch der Nachteil, daß der Altersaufbau der Gemeinden zwar tiefgegliedert ist, aber nicht nach Geschlecht unterscheidet, die kreisfreien Städte ausgenommen. Ideale Voraussetzungen für eine bevölkerungsgeographische Typisierung der Gemeinden wären schließlich mit einer weiteren Aufbereitung der Datensätze nach der Ortsgebürtigkeit gegeben, die schon 1949/50 HOFFMANN für die Landeskunde gefordert hat.

4.1. Sexualproportion

Die physiologisch bedingte Tatsache, daß auf 100 Neugeborene weiblichen Geschlechts 105 bis 107 Knaben kommen und daß beide Geschlechter einer unterschiedlichen altersspezifischen Sterbewahrscheinlichkeit unterliegen, würde bei alleiniger Wirksamkeit auf den Altersaufbau einer Bevölkerung eine geringe Variationsbreite der Sexualproportion erzeugen, die in Wirklichkeit durch äußere Einflüsse mehr oder weniger stark abgewandelt wird (Abb. 11).

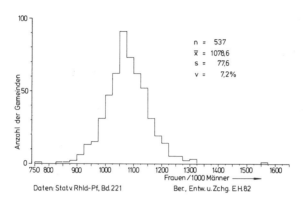

Abb. 11
Häufigkeitsverteilung der Sexualproportion in den pfälzischen Gemeinden 1970

n = 537
x̄ = 1078,6
s = 77,6
v = 7,2%

Daten: Statv.Rhld-Pf, Bd.221   Ber., Entw. u. Zchg. E.H.82

Großräumig betrachtet, geht z.B. aus dem Altersaufbau der Bevölkerung von Rheinland-Pfalz hervor, daß, wie in der BRD, in der Altersklasse der 40 bis unter 45jähringen die Sexualproportion zugunsten des weiblichen Anteils umschlägt; ebenso trifft das für die Landkreise der Pfalz zu. Für die Pfalz liegt das Verhältnis bei 1.079 und für Rheinland-Pfalz bei 1.097 Frauen pro 1.000 Männer.

Erst auf Gemeindeebene macht sich eine größere Streuung der Sexualproportion bemerkbar, die neben Nachwirkungen episodischer Ereignisse, wie Krieg, Epidemien oder lokal einschneidende Katastrophen in der Hauptsache auf Wanderungsvorgänge zurückgeführt werden kann. So haben z.B. die von Abwanderungen betroffenen Gemeinden meist einen Verlust in der Altersklasse der 15 bis unter 45jähringen zu verzeichnen, d.h., der potentiell Erwerbstätigen, die den Endpunkt ihrer beruflichen Entwicklung noch anstreben. Das ist aber auch die Bevölkerungsgruppe, die die biologische Reproduktionskraft einer Gemeinde

stärken könnte; die Folge ist ein verstärkter Überhang an Frauen, da die Sterblichkeit des älteren männlichen Bevölkerungsanteils die des weiblichen übertrifft. Das tritt auch bei Bevölkerungen ein, die von Wanderungen wenig beeinflußt sind, wenn aufgrund niedriger Geborenen- und Sterbeziffern sich ein relativ hoher Anteil alter Menschen mit einem der Absterbeordnung entsprechenden Frauenüberschuß herausbildet. Verschiebungen der Sexualproportion kommen auch dadurch zustande, wenn zu einer Gemeinde eine einseitig männliche oder weibliche Anstaltsbevölkerung gehört, ebenso für Gemeinden mit einer männer- oder frauenspezifischen Beschäftigungsstruktur.
Unter der für die Pfalz an 537 Gemeinden ermittelten Sexualproportion sind Völkersweiler im Landkreis Landau-Bad Bergzabern mit einem Frauendefizit von 246 ‰ und Oberhausen a.d. Appel im Donnersbergkreis mit 558 ‰ Frauenüberschuß am weitesten von dem für die Pfalz gefundenen Wert entfernt. Völkersweiler ist ein Beispiel dafür, wie die Sexualproportion durch eine Anstalt mit 96 Personen, von denen 91 männlichen Geschlechts sind, verzerrt werden kann. Subtrahiert man diese Anzahl der männlichen Personen, dann liegt das Verhältnis nahe bei dem für die Pfalz ermittelten Wert. Überhaupt ließe sich eine Annäherung an den Pfalzdurchschnitt erreichen, und damit wäre auch die Streuung der Werte erheblich eingeengt, würde man bei 25 Gemeinden den Überschuß an männlicher bzw. weiblicher Anstaltsbevölkerung in Rechnung stellen.
Für Oberhausen a.d. Appel dagegen leitet sich der Frauenüberhang aus dem anhaltenden Wanderungsverlust ab, der sich einerseits in einem 50.9 % betragenden Anteil an potentiell Erwerbstätigen zeigt, andererseits damit den reproduktionsfähigen Bevölkerungsanteil verringert. Die Folgen sind nur ca. vier Geborene pro Jahr, auf die Altersgruppe 21 < 45 Jahre bezogen und 20.4 % Anteil an den 60jährigen mit den bekannten Auswirkungen der unterschiedlichen geschlechtsspezifischen Sterblichkeit.
Es liegt nahe, den Einfluß der Wanderungsvorgänge auf die Sexualproportion für alle pfälzischen Gemeinden in einer Häufig-

keitstabelle zu erfassen und auf Signifikanz zu prüfen (Tab. 12).

Tab. 12. Beobachtete Häufigkeit der Gemeinden nach Zu- bzw. Abnahme der Bevölkerung 1939/70 und Sexualproportion (1970)

Zu- bzw. Abnahme i.v.H.		Frauen/1.000 Männer				
		<1.000	1.000<1.100	1.100<1.200	≥1.200	zus.
Abnahme	≥10	8	14	12	7	41
	>10	14	28	22	6	70
Zunahme	<10	8	50	32	7	97
	10<20	12	41	37	6	96
	≥20	28	140	61	4	233
Pfalz		70	273	164	30	537

Berechnet nach Daten aus Stat. v. Rhld.-Pf., Bd. 221

Dazu wird der Chi^2-Test angewandt. Die Nullhypothese H_o lautet: "Die zwischen Zu- und Abwanderung der Bevölkerung und der Sexualproportion beobachtete Häufigkeitsverteilung ist zufällig." Unter Zugrundelegung des Signifikanzniveaus (SN) von 0.001, das bedeutet eine Sicherheit von 99.9 %, ergibt sich bei 12 Freiheitsgraden (FG) Chi^2 zu 36.15. Der kritische Wert, bis zu dem von einer zufälligen Verteilung gesprochen werden muß, liegt bei 32.91. Daher gilt die Alternativhypothese H_1, daß zwischen Zu- und Abwanderung der Bevölkerung in den Gemeinden der Pfalz ein signifikanter Unterschied in der Verteilung der Sexualproportion vorliegt.

Aus der Überlegung heraus, daß sich gerade bei den ≥60jährigen, nach ihrem durch Wanderungsvorgänge in der jüngeren Bevölkerung unterschiedlichen Gewicht im Altersaufbau und gemäß der unterschiedlichen Sterblichkeit der Geschlechter, der Einfluß auf die Verteilung der Sexualproportion zeigen müßte, führte zu folgender Häufigkeitsverteilung (Tab. 13).

Tab. 13: Beobachtete Häufigkeit der Gemeinden nach Anteil der
≥60jährigen und Sexualproportion (1970)

≥60j. i.v.H.	<1.000	Frauen/1.000 Männer 1.000<1.100	≤1.100	zus.
<14	6	14	1	21
14<17	14	60	28	102
17<20	26	129	80	235
≥20	24	70	85	179
Pfalz	70	273	194	537

Berechnet nach Daten aus Stat. v. Rhld.-Pf., Bd. 221

Bei einem SN von 0.001 und 6 FG liegt Chi^2 bei 27.08, der kritische Chi^2-Wert bei 22.46. Es gilt also wieder die Alternativhypothese H_1, daß ein signifikanter Unterschied zwischen den Anteilen an ≥60jährigen und der Verteilung der Sexualproportion gesichert ist.

Ebenso wurde mit dem Chi^2-Test geprüft, ob man dieses Ergebnis auch für die Altersklassen der <15jährigen und 15<60jährigen erwarten darf. Lediglich bei den 15<60jährigen traf dies auf einem SN von 0.05 zu, was bedeutet, daß in 100 Fällen fünfmal irrtümlich die Nullhypothese verworfen wurde.

Mit dem physiologisch bedingten Verhältnis der Geschlechterverteilung bei Neugeborenen, der nach Geschlecht und Alter unterschiedlichen Sterbewahrscheinlichkeit, den meist sozialökonomisch motivierten Wanderungsvorgängen mit partieller Wirkung auf den Altersaufbau in den Wegzug- und Zielgemeinden und den das Geschlechterverhältnis abwandelnden Überhängen an männlichen oder weiblichen Anstaltsbewohnern, sind eine Reihe Komponenten genannt, die das Verteilungsbild der Sexualproportion mitbestimmen. Hier muß auch die Zunahme des Frauenüberschusses in den Gemeinden ≥5.000 Einwohner hervorgehoben werden, wo in 15 von 38 Gemeinden überdurchschnittliche Frauenüberschüsse zu verzeichnen sind. Im wesentlichen erklären sich diese Verhältnisse aus der besseren Beschäftigungsmöglichkeit für Frauen im Dienstleistungssektor, während der über dem Durchschnitt liegende Frauenüberschuß in 127 von 318 Gemeinden <1.000 Einwohner auf die Wirkung niedriger Geborenen- und Sterbeziffern und daraus ableitbare relativ hohe Anteile in der weiblichen Bevölkerung ≧60 Jahre zurückführbar ist, ausgelöst durch nicht kompensierbare Abwanderung von Bevölkerungsteilen im reproduktionsfähigen Alter.

In einer abschließenden Aufbereitung der Gemeinden nach Größenklassen und Sexualproportion kommen diese Bestimmungsfaktoren zur Geltung (Tab. 14).

Tab. 14: Beobachtete Häufigkeit der Sexualproportion nach Gemeindegrößenklassen

Gemeinden mit Einw.	Frauen/1.000 Männer					zus.
	<950	950 <1.000	1.000 <1.050	1.050 <1.100	1.100 <1.150	≧1.150	
< 200	5	5	4	4	4	6	28
200< 500	12	16	28	19	31	26	132
500<1.000	2	13	36	47	34	26	158
1.000<2.000	2	6	20	43	22	9	102
2.000<5.000	2	4	16	36	17	4	79
≧5.000	1	2	5	15	6	9	38
Pfalz	24	46	109	164	114	80	537

Berechnet nach Daten aus Stat. v. Rhld.-Pf., Bd. 221

Daß die Unterschiede in der Verteilung der Sexualproportion nach den Gemeindegrößen hoch signifikant sind, geht aus dem Chi^2-Test hervor. Auf einem SN von 0.001, also bei 99.9 % Sicherheit, wurde bei 25 FG Chi^2 = 72.11 gefunden; der dem SN zugeordnete kritische Wert liegt bei 52.6.

Durch die vorgefundene geringe Differenzierungsmöglichkeit der Sexualproportion und vor allem auch wegen dem fehlenden Einblick in ihre Verteilung im Altersaufbau, der deshalb keinen Vergleich der Sexualproportion bestimmter Altersklassen (<15, 15<60, ≧60 J.) zuläßt, erweist sich dieses Merkmal ungeeignet für eine Typisierung bzw. Klassifikation der Bevölkerung in den Gemeinden.

4.2. Gründe für die Variabilität im Altersaufbau der Gemeinden

Die Zusammensetzung der Einwohnerschaft einer Gemeinde nach Alter und Geschlecht weist regional mehr oder weniger große Abweichungen auf, in denen die Wirksamkeit der Bestimmungsfaktoren, wie sie der natürlichen Bevölkerungsbewegung und der räumlichen Mobilität zugrundeliegen, unterschiedlich stark hervortritt. Das äußert sich bereits bei den in Gemeindegrößenklassen und größeren Gebietseinheiten zusammengefaßten Gemeinden (Tab. 15 u. 16), wo sich in Verbindung mit der Bevölkerungsentwicklung betrachtet (Abb. 2 und Tab. 6), die Einwirkung der räumlichen Mobilität andeutet.
Wie komplex die Vorgänge sind, aus denen die Höhe des Reproduktionsniveaus resultiert, erhellt die Studie von JÜRGENS u. POHL (1975, n. Zit. i.J. SCHMID 1976, S. 203), nach der das generative Verhalten u.a. im wesentlichen durch die Soziallage, das Bildungs- und Einkommensniveau in Verbindung mit psycho-sozialen Verhaltensweisen verständlich wird. Dabei spielen die Gemeindegrößenklasse und damit die Wohnungsfrage, sowie die formale Konfessionszugehörigkeit eine weniger wichtige Rolle.
Das schließt jedoch nicht aus, daß konfessionell monostrukturierte Gebiete sich in der Geborenenziffer von gemischten abheben. In einem Vergleich einiger Gemeinden mit über 90 v.H. Katholiken, bzw. Protestanten in der Vorder- und Südpfalz, weist BECK (1963, S. 111-124) eine höhere Geborenenziffer bei den katholischen Gemeinden nach, die bei vergleichbarer Bodenbonität durch ihre geringe Mobilität zur Senkung der durchschnittlichen Besitzgröße und höheren Bevölkerungsdichte führt; mit der Zunahme der Gemeindegrößen und mit Annäherung an die Industriezentren nehmen die Geborenenüberschüsse ab (Zeitspanne 1933/39). Ebenso zeigt BACKE (1971) in einer Untersuchung zur Altersstruktur von Niedersachsen für die Region Emsland-Olden-

Tab. 15: Altersaufbau der Gemeinden in der Pfalz 1970 nach Gemeindegrößenklassen

Gemeinde-größen-klassen (Einwohner)	Anzahl der Gem.	Bevölkerung abs. (2)	(2) i.v.H.	Altersklassen in v. H.						
				<6	6<15	15<21	21<45	45<60	≥60	GMZ
<200	28	4380	0.33	8.36	14.79	9.70	27.85	16.51	22.79	30.02
200<500	132	44868	3.42	9.29	16.14	9.23	28.87	16.07	20.34	32.18
500<1000	158	109820	8.37	9.59	16.00	9.20	29.98	15.98	19.25	31.99
1000<2000	102	144599	11.02	9.94	16.67	9.31	30.88	15.49	17.71	32.19
2000<5000	79	238495	18.17	9.84	16.13	9.03	32.00	15.82	17.18	30.75
5000<10000	26	179766	13.70	9.66	15.44	9.32	33.00	15.84	16.74	29.27
10000<50000	8	208109	15.86	8.96	14.01	9.19	32.09	16.76	18.99	27.92
≥50000	4	382249	29.13	8.52	13.22	8.14	32.83	17.63	19.66	25.95
Pfalz	537	1312286	100.00	9.26	14.89	8.89	31.98	16.49	18.49	28.96

Berechnet n. Stat. v. Rhld.-Pf., Bd. 221

GMZ   Geburtenmaßzahl

Tab. 16: 1) Altersaufbau in größeren Gebietseinheiten 1970 (%)
2) Altersaufbau der Wohnbevölkerung nach Gemeindegrößenklassen 1970 (abs.)

1) Gebiets-einheit	< 6	6 < 15	Altersklassen (%) 15 < 21	21 < 45	45 < 60	≥ 60	GMZ	Bevölkerung
Rhld.-Pf.	9.58	15.03	8.88	31.05	16.51	18.95	30.85	3.645.437
Kreisfr. St.	8.69	13.29	8.60	32.53	17.44	19.45	26.71	1.001.313
Landkreise	9.91	15.70	8.99	30.49	16.16	18.75	32.50	2.644.124
Pfalz	9.26	14.89	8.89	31.98	16.49	18.49	28.96	1.312.286
Kreisfr. St.	8.61	13.38	8.45	32.59	17.43	19.54	26.42	529.263
Landkreise	9.69	15.92	9.19	31.57	15.85	17.78	30.69	783.023
2) < 200	366	648	425	1.220	723	998		4.380
200 < 500	4166	7.240	4.170	12.954	7.210	9.128		44.868
500 < 1000	10.529	17.576	10.104	32.923	17.550	21.138		109.820
1000 < 2000	14.378	24.109	13.460	44.654	22.392	25.606		144.599
2000 < 5000	23.461	38.464	21.529	76.327	37.731	40.983		238.495
5000 < 10000	17.363	27.749	16.751	59.336	28.472	30.095		179.766
10000 < 50000	18.637	29.160	19.131	66.773	34.876	39.532		208.109
≥ 50000	32.596	50.524	31.097	125.487	67.391	75.154		382.249
Pfalz	121.496	195.470	116.667	419.674	216.345	242.634		1.312.286
Mittl. Gem.	226	364	217	782	403	452		2.444
%	9.25	14.89	8.88	32.00	16.49	18.49		100

Errechnet nach Daten aus Stat. v. Rhld.-Pf., Bd. 221

burg-Süd, daß hohe Katholikenquoten, mit überdurchschnittlichem Beschäftigtenanteil in der Landwirtschaft, verbunden sind mit hohen Geburtenmaßzahlen (GMZ), was wiederum bei der niedrigeren Mobilität der katholischen Agrarbevölkerung einen "jungen" Altersaufbau zur Folge hat (Berechnung der GMZ s. Abb. 12).
Da die allgemeine Fruchtbarkeitsstruktur der Landkreise und kreisfreien Städte mit der GMZ derselben Gebietseinheiten in der Tendenz sehr ähnlich sind, darf auf eine relativ hohe Korrelation der beiden Variablen geschlossen werden, sodaß die GMZ als Ersatz für allgemeine Fruchtbarkeitsrate bzw. Geborenenziffer herangezogen werden kann.
Es muß dabei jedoch bedacht werden, daß die Konfession eine Sammelkomponente darstellt, die einerseits keine Unterscheidung der nominellen von den praktizierenden Katholiken zuläßt und andererseits die Komponente "Religiosität", in der die Annahme moraltheologisch begründeter Geburtenregelung und -kontrolle enthalten ist, nur unbefriedigend quantifizierbar ist. Deshalb muß das Ergebnis eines Chi^2-Vergleichtests aus beobachteten Häufigkeiten der Gemeinden nach GMZ und Katholikenquote, das eine hoch signifikante Assoziation der beiden Variablen für die Pfalz bestätigt, kritisch beurteilt werden (Chi^2= 41.12 bei 99.9 % Sicherheit; kritischer Chi^2-Wert = 22.46; FG = 6). Über die Stärke des Zusammenhangs ist damit nichts ausgesagt; wie aus der bivariablen Häufigkeitsverteilung (Tab. 17) ersichtlich ist, dürfte es sich um eine schwach positive Korrelation handeln. Eine schwache Korrelation wird durch die Berechnung des Koeffizienten Phi = 0.2767 bestätigt.
Die Durchsicht der Gemeinden nach Extremwerten (GMZ≧41 u.<23) im Hinblick auf die Anteile der beiden großen Religionsgemeinschaften und der Erwerbstätigen (ET) in der Land- und Forstwirtschaft ergibt ein heterogenes Bild, wie durch die niedrige Korrelation schon angedeutet ist.
Unter den 29 Gemeinden mit höchsten GMZ sind nur 12, deren Katholikenquote über 75 % liegt. Nur bei 4 Gemeinden ist die hohe Katholikenquote auch mit 30 % ET (am Wohnort) in der Landwirtschaft gekoppelt. Die höchsten Werte mit GMZ = 56.6 erzielen

Langwieden im Landkreis Zweibrücken, eine Gemeinde mit 229 Einwohnern, 46 % ET in der Landwirtschaft und rd. 25 % Katholiken und Hergersweiler im Lkrs. Landau-Bad Bergzabern (136 Einw.) mit GMZ = 47.4, 60.3 % ET in der Landwirtschaft und rund 90 % Protestanten.

Tab. 17. Beobachtete Häufigkeit der Gemeinden nach GMZ und Katholikenquote

GMZ	Katholikenquote				
	<25	25 < 50	50 < 75	≥75	zus.
≥ 32	96	45	18	69	228
27 < 32	103	62	20	29	214
< 27	63	18	9	5	95
Pfalz	262	125	47	103	537

Errechnet nach Daten aus Stat. v. Rhld.-Pf., Bd. 221

Von den 17 Gemeinden mit niedrigsten GMZ, von denen die meisten im Donnersbergkreis und Landkreis Kusel liegen, haben 12 Gemeinden einen Protestantenanteil von über 90 %. Die niedrigste GMZ mit 10,3 findet man in der nur aus Protestanten und Mennoniten bestehenden Gemeinde Bennhausen (113 Einw.) im Donnersbergkreis mit 68.3 % ET in der Landwirtschaft. Daneben gibt es aber auch Gemeinden mit über 90 % Katholikenanteil, deren GMZ z.T. weit unter dem Wert für die Pfalz liegen, z.B. Esthal (Landkreis Bad Dürkheim), Blankenborn, Roschbach (Landkreis Landau-Bad Bergzabern), Erlenbach b. Dahn (Landkreis Pirmasens) und Waldsee (Landkreis Ludwigshafen).

Regional betrachtet (Abb. 12) ist in der Pfalz der Besatz an Gemeinden mit GMZ < 29 (GMZ Pfalz = 28.95) nirgends so hoch wie in den beiden Landkreisen Ludwigshafen und Bad Dürkheim (rund 49 %). Im Gegensatz dazu stehen die beiden südlich angrenzenden

Abb. 36 Gemeindetypen der Pfalz 1970

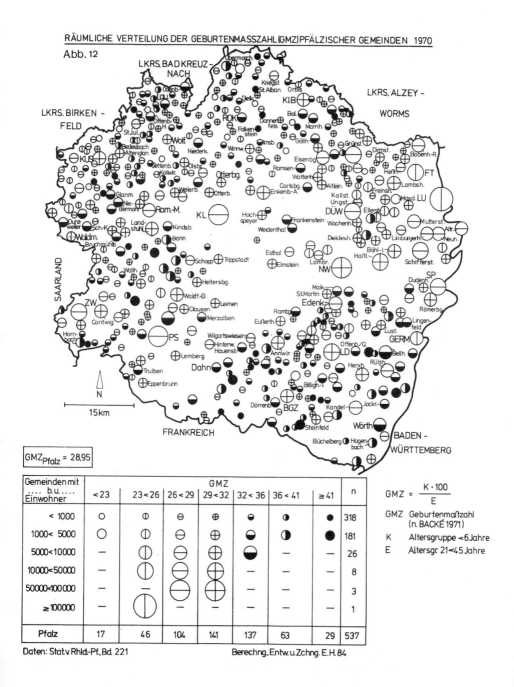

Landkreise Germersheim und Landau-Bad Bergzabern, wo 80 % der Gemeinden den GMZ-Wert der Pfalz übersteigen, darunter sind fast 28 % mit GMZ ≥ 36. Unter den übrigen Landkreisen sind diese Unterschiede weniger ausgeprägt (Tab. 18).

Tab. 18: Verteilung der GMZ nach Landkreisen (ohne kreisfreie Städte)

Landkreise		<23	23<26	GMZ 26<29	29<32	32<36	36<41	≥41	n
Ludwigsh.u.	n	2	12	23	29	6	4	-	76
Bad Dürkh.	%	2.6	15.8	30.3	38.2	7.9	5.2	-	100
Germersh.u.	n	3	5	16	25	38	25	8	120
Landau-Bad Bergzabern	%	2.5	4.2	13.3	20.8	31.7	20.8	6.7	100
Donnersbg.- kreis und Lkrs.Kusel	n	12	19	35	41	55	17	12	191
	%	6.3	9.9	18.3	21.5	28.8	8.9	6.3	100
Kaisersl., Pirmas.u. Zweibr.	n	-	8	26	44	38	17	9	142
	%	-	5.6	18.3	31.0	26.8	12.0	6.3	100

Im Donnersbergkreis und in den Landkreisen Bad Dürkheim, Kaiserslautern, Kusel und Zweibrücken dominieren die Protestanten. Errechnet nach Stat. v. Rhld.-Pf., Bd. 221

Eine Klärung der vielschichtigen Zusammenhänge, die den in früheren Jahren vielleicht stärker regional hervortretenden Einfluß der Konfessionen überlagern, ist hier nicht beabsichtigt. Jedoch kann man voraussetzen, daß es in der Pfalz kaum eine Gemeinde gibt, deren Altersaufbau nicht von der räumlichen Mobilität mitgeformt ist und unterschiedliche Anteile der für eine potentielle Elternschaft in Frage kommenden Personengruppe zur Folge haben kann. Auch die Tatsache, daß Einwohner einer Gemeinde durch das Berufspendlerwesen an einem höheren Lohnniveau in den Einpendlerzentren teilhaben, dürfte über die Veränderung ihrer sozialökonomischen Lage, gegenüber der am Wohnort be-

schäftigten Erwerbsbevölkerung, eine Beeinflussung des generativen Verhaltens wahrscheinlich machen.
Eine eingehende Analyse der Wanderungsströme nach dem Alter der Wandernden in den Jahren 1967 - 1970 im Raum Köln-Aachen-Koblenz-Trier als "Folge regional ungleichwertiger Lebensbedingungen" legte GATZWEILER (1975, 1976) vor, in der u.a. belegt wird, daß es die Altersgruppen der 16 < 21jährigen und 21 < 35 jährigen sind, an denen die Peripherräume langsam verarmen, weil sie in die zentralen Orte, besonders in die Oberzentren abwandern. Umgekehrt steht im allgemeinen die Tendenz bei den Wandernden >35jährigen, aus den zentralörtlichen Bereichen sich den Peripherräumen zuzuwenden. Für die älteren Wandernden wurde auch zwischen den Peripherräumen ein Wanderungsgefälle nachgewiesen, ebenso auch für die 16<35jährigen zwischen den verschieden ausgestatteten Oberzentren.
Wie aus dem "Atlas zur Raumentwicklung" (Tf. 4, 1976) hervorgeht, gehört die Westpfalz hinsichtlich des Altersaufbaus der Binnenwanderer in der Zeitspanne 1966-1971 zu einem Typ, der durch Wanderungsverluste an 16 <21jährigen (sehr stark) und 21 <35jährigen (stark) auffällt, also nach KULS (1980, S. 203) solche Bevölkerungsgruppen, die bildungs- und arbeitsplatzorientiert sind; die der Wohnumfeldorientierten (35<49jährigen) stagnieren, und die Ruhesitzorientierten (≧49jährigen) verzeichnen eine schwache Zunahme. In der Vorderpfalz dagegen stagnieren in dieser Zeitspanne die Wohnumfeldorientierten, während alle anderen Altersgruppen der Wandernden eine schwache Zunahme aufweisen.
Am Beispiel der in einem peripheren Raum am Osthang des Donnersbergs liegenden Gemeinde Dannenfels, einem Erholungsort mit 887 Einw. (1970) lassen sich teilweise deutlich die von GATZWEILER gefundenen Tendenzen in der Alterszusammensetzung der Wandernden wiederfinden (Tab. 19).
Von den Gemeinden der Umgebung unterscheidet sich Dannenfels deshalb, weil es aufgrund seiner Erholungsfunktion eine andere kulturelle und soziale Infrastruktur besitzt (Kinderheim, Lungenheilstätte bis 1973, jetzt Tagungsstätte der BASF, Hotel-

Tab. 19: Altersaufbau der von Dannenfels Fort- und Zugezogenen im Zeitraum 1958 - Juni 1976
Alter zum Zeitpunkt des Fort- bzw. Zuzugs

Alter	Fortgezogene (i. Dannenfels geb.)				In Dannenfels Zugewanderte			
	abs.		i.v.H.		abs.		i.v.H.	
	männl.	weibl.	männl.	weibl.	männl.	weibl.	männl.	weibl.
0 <15 J.	17	18	10.06	10.65	34	30	12.01	10.60
15 <20 J.	1	13	0.59	7.69	11	15	3.89	5.30
20 <35 J.	39	34	23.07	20.12	55	55	19.43	19.44
35 <50 J.	1	3	0.59	1.78	23	18	8.12	6.36
≥50 J.	5	3	2.96	1.78	18	24	6.37	8.48
Summe	63	71	37.27	42.02	141	142	49.82	50.18
In Kliniken geb.		35		20.71				
Summe		169		100.00		283		100.00

Daten: Auswertung der Einwohnermeldekartei b. d. Vgmde. Kirchheimbolanden.
Entn. aus E. HASENFRATZ (1978, 74, verändert)

und Gaststättengewerbe) und daher eine im Dienstleistungssektor lokalisierte, arbeitsplatz- und bildungsorientierte (Praktikanten etc.) Komponente bei den Zugewanderten erkennen läßt. Dadurch erscheint z.b. die Bilanz der bildungsorientierten weiblichen Wandernden im Zeitraum 1958-1976 nahezu ausgeglichen. Deutlich tritt dagegen in dieser Zeitspanne die Gruppe der Wohnumfeld- und Ruheplatzorientierten hervor. Bei den in Dannenfels gebürtigen Fortgezogenen stehen die Arbeitsplatzorientierten im Vordergrund.
Zielgebiete aller Abgewanderten von Dannenfels im genannten Zeitraum, ohne Rücksicht auf die Ortsgebürtigkeit (n = 841), waren die Räume Kirchheimbolanden (rund 27 %), Worms, Ludwigshafen und Kaiserslauten (zusammen rund 24 %) sowie Landau und Pirmasens (zusammen rund 6 %); der Rest verteilte sich auf Zielorte im Umkreis von 60 bis 500 km, wobei die Räume Stuttgart und Bochum mit je 3 % und München mit 2 % am stärksten vertreten waren. Die Ausrichtung der Wandernden aus peripheren Räumen nach zentralörtlichen Bereichen in aufsteigender Rangordnung, wie sie GATZWEILER für die 16<35jährigen beschreibt, scheint hier zumindest angedeutet.
Um aus der Kenntnis der natürlichen Bevölkerungsbewegung und der Wanderungsvorgänge längerfristige Entwicklungen des Altersaufbaus in den Gemeinden abschätzen zu können, wäre eine Zusammenschau der Daten aus mehreren Jahren erforderlich. Es sind jedoch nur auf das Jahr 1970 bezogene Daten verfügbar, die zudem auf den Gebietsstand vom 30.6.1972 bezogen sind; d.h., daß durch die Territorialreform zu diesem Zeitpunkt 517 Gemeinden ausgewiesen sind, statt 537 im Jahr 1970.
Trotz dieser Einschränkung ist es mit Hilfe einer bei KULS (1980, S. 221 ff.) dargestellten einfachen Methode der Typenbildung möglich, Hinweise darüber zu erhalten, bei welchen Gemeinden im Jahr 1970 der Altersaufbau stärker von der natürlichen Bevölkerungsbewegung oder von den Wanderungsvorgängen beeinflußt war (Abb. 13). Schwellenwerte liegen dieser Typisierung nicht zugrunde. Aus den Komponenten Geburten- und Sterbefallüberschuß und Wanderungsgewinn und -verlust werden ohne

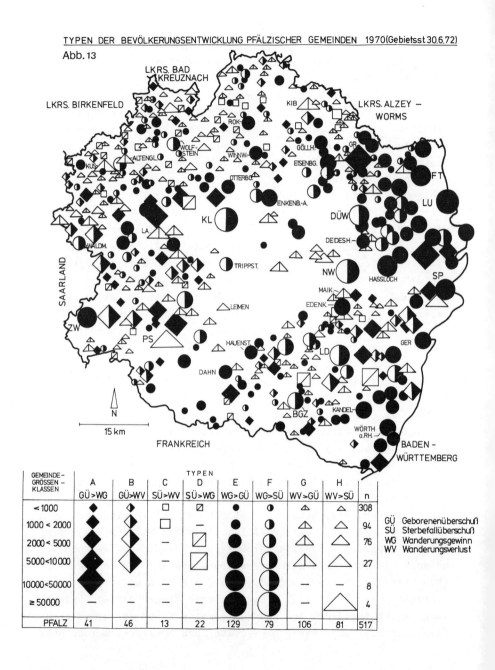

Rücksicht auf das Ausmaß der Unterschiede acht Typen abgeleitet, bei denen eine der genannten Komponenten der natürlichen Bevölkerungsbewegung größer ist als eine Komponente der Wanderungsbilanz und umgekehrt. Wenn auch die kurze Zeitspanne, für die diese Typisierung gilt, die Aussagekraft verringert, so sind doch im Vergleich mit den Karten der Bevölkerungsdichteveränderung 1939/70, der Zu- und Abwanderung 1939/70 und der Verteilung der Geburtenmaßzahl (Abb. 1, 2, 12) ausdauernde Strukturen zu erkennen.

Auf die gesamte Pfalz bezogen wird der Altersaufbau im Jahr 1970 bei 76 % der Gemeinden durch Wanderungsvorgänge verändert, bei den übrigen Gemeinden dominiert die natürliche Bevölkerungsbewegung (Tab. 20). Bereits im großräumigen Vergleich der Vorder- und Südpfalz mit der Westpfalz treten bei einzelnen Typen erhebliche Unterschiede in ihrer prozentualen Häufigkeit auf (Typ E (WG>SÜ) und H (WV>SÜ)); ebenso wenn man die Häufigkeit der Typen in den Landkreisen und ihre Verteilung in den Gemeindegrößenklassen betrachtet (Tab. 21). Ein deutlicher Einschnitt in der Typenverteilung zeigt sich bei den Gemeinden < 2000 Einwohner gegenüber denen mit höheren Einwohnerzahlen. Typ G vereinigt Gemeinden, die trotz Geburtenüberschuß durch Abwanderung eine Bevölkerungsabnahme verzeichnen und Typ H solche, die von einem den Sterbefallüberschuß noch übersteigenden Abwanderungsverlust betroffen sind. Beide Typen sind häufig in den Gemeinden < 2.000 Einwohner und treten besonders im Landkreis Kusel und im Donnersbergkreis mit 47.5 % bzw. 42.9 % auf. In den Landkreisen der Vorder- und Südpfalz und im Landkreis Kaiserslautern sind unter den Gemeinden > 2.000 Einwohner diejenigen besonders vertreten, deren Wanderungsgewinn den Geburtenüberschuß übertrifft (Typ E) und in der Häufigkeit nachgeordnet Typ F, der die Gemeinden zusammenfaßt, die ohne Wanderungsgewinn aufgrund des Sterbefallüberschusses eine abnehmende Bevölkerungszahl aufweisen würden. Über die Hälfte der Gemeinden mit 5.000 < 10.000 Einwohner gehören Typ E an, ein Drittel mit >10.000 Einwohner dem Typ F. Ein Vergleich mit der Bevölkerungsentwicklung 1939/70 (Tab. 6) zeigt in der Tendenz eine gu-

te Übereinstimmung.
Eine naheliegende Möglichkeit, den Grad der Übereinstimmung der Gebietseinheiten nach ihrer Typenverteilung quantitativ durch den SPEARMAN'schen Rangkorrelationskoeffizienten auszudrücken, scheitert an der oft auftretenden Ranggleichheit und den Lücken im Typenspektrum.
Als aufschlußreiche Ergänzung zur Karte der Typenverteilung erweist sich eine von den Gebietseinheiten unabhängige Kenntnis der Typenhäufigkeit in einem aus 15 km breiten Gebietsstreifen zusammengesetzten Ost - West- und Nord - Südprofil, um die räumliche Verbreitung der bereits in der Karte durchscheinenden regional stärkeren Verbreitung einzelner Typen besser zu erfassen (Abb. 14). Markant tritt die Überlagerung der Kurven mit vorherrschender natürlicher Bevölkerungsbewegung (A-D) durch die überwiegend an Wanderungsvorgängen gebundenen Typen (E-H) hervor. Mit zunehmender Entfernung von den Aktivräumen im Osten der Pfalz, bzw. mit Annäherung an die strukturschwachen Räume im Nordwesten und Westen wandelt sich auch die Typenschichtung, d.h., die nach der Häufigkeit der Typen in einem Profilabschnitt sich ergebende Rangfolge.
Bezogen auf die wanderungsbestimmten Typen verändert sich die Typenschichtung im O-W-Profil von E, F, G, H in den Aktivräumen, mit herausragendem Anteil des Typs E, über den Raum Kaiserslautern mit der Rangfolge E, H, G, F, in der nicht nur das verdichtete Gebiet um das Oberzentrum durch die leichte Zunahme des Typs E angezeigt ist, sondern auch die in diesem Profilabschnitt enthaltenen strukturschwachen Räume nördlich und südlich davon durch relativ hohe Anteile der Typen H und G. Im westlichsten Teil des Profils, das nur in strukturschwachen Räumen verläuft, wird mit der Typenabfolge G, H, E, F tiefgreifende Umschichtung angezeigt. Ähnliche Verhältnisse sind aus dem N-S-Profil ersichtlich; hier bezeichnet "Raum Kaiserslautern" den Profilabschnitt, der auch die Räume Bad Dürkheim und Ludwigshafen enthält und deshalb das zweite Maximum von Typ E hervorruft; der höchste Wert von Typ E ist auf den jungen Aktivraum Kandel-Wörth a.Rh. zurückzuführen, in dessen Bereich

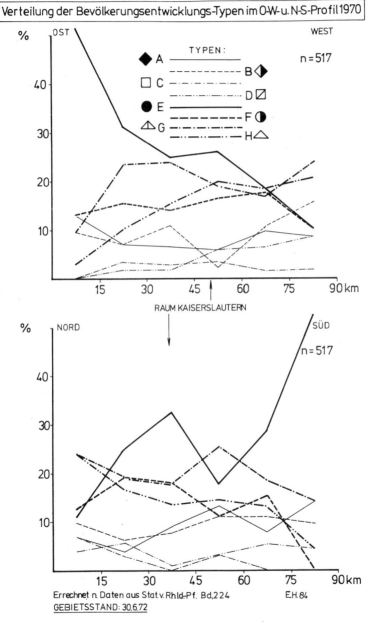

Abb. 14
Verteilung der Bevölkerungsentwicklungs-Typen im O-W- u. N-S-Profil 1970

Errechnet n. Daten aus Stat.v. Rhld-Pf. Bd.224 E.H.84
GEBIETSSTAND: 30.6.72

Tab. 20: Gemeindetypen der Bevölkerungsentwicklung in der Pfalz 1970 (Gebietsstand 30. 6. 72)

Gebiets-einheit		A GÜ>WG	B GÜ>WV	C SÜ>WV	D SÜ>WG	E WG>GÜ	F WG>SÜ	G WV>GÜ	H WV>SÜ	n
Kreisfr. Städte	abs.	-	-	-	-	4	3	-	1	8
	%					50.0	37.5		12.5	
Lkrs. Bad Dürkheim	abs.	2	1	-	-	17	12	11	6	49
	%	4.1	2.0			34.7	24.5	22.5	12.2	
Donners-bergkrs.	abs.	5	6	8	2	16	11	21	15	84
	%	5.9	7.1	9.5	2.4	19.1	13.1	25.0	17.9	
Lkrs.Ger-mersheim	abs.	2	7	-	-	17	1	6	2	35
	%	5.7	20.0			48.6	2.9	17.1	5.7	
Lkrs. Kaisersl.	abs.	5	3	-	2	17	10	8	8	53
	%	9.4	5.6		3.8	32.1	18.9	15.1	15.1	
Lkrs. Kusel	abs.	5	13	2	9	11	14	23	26	103
	%	4.9	12.6	1.9	8.8	10.7	13.6	22.3	25.2	
Lkrs.Lan-dau-Bgz.	abs.	6	8	2	4	17	10	19	10	76
	%	7.9	10.5	2.6	5.3	22.3	13.2	25.0	13.2	
Lkrs. Ludwigsh.	abs.	3	-	-	-	13	7	2	1	26
	%	11.5				50.0	26.9	7.7	3.9	
Lkrs.Pir-masens	abs.	13	8	1	5	17	11	16	12	83
	%	15.6	9.6	1.2	6.0	20.5	13.3	19.3	14.5	
Pfalz	abs.	41	46	13	22	129	79	106	81	517
	%	7.9	8.9	2.5	4.3	24.9	15.3	20.5	15.7	
Vorder-u. Südpfalz	abs.	13	16	2	4	64	30	38	19	186[1]
	%	7.0	8.6	1.1	2.2	34.4	16.1	20.4	10.2	
West-pfalz	abs.	28	30	11	18	61	46	68	61	323[1]
	%	8.7	9.3	3.4	5.6	18.9	14.2	21.0	18.9	

1) ohne kreisfreien Städte
Errechnet n. Daten aus Stat. v. Rhld.-Pf., Bd.224

GÜ Geburtenüberschuß   SÜ Sterbefallüberschuß
WG Wanderungsgewinn   WV Wanderungsverlust

Tab. 21: Gemeindetypen der Bevölkerungsentwicklung in der Pfalz nach Gemeindegrößenklassen 1970
(Gebietsstand: 30. 6. 1972)

Gemeinde-größen-klasse	A GÜ>WG	B GÜ>WV	C SÜ>WV	D SÜ>WG	E WG>GÜ	F WG>SÜ	G WV>GÜ	H WV>SÜ	n
<200 E.	3.7	3.7	7.4	22.2	11.1	18.5	14.8	18.5	27
200 < 500	7.0	8.5	3.9	5.4	16.3	14.7	24.0	20.2	129
500 < 1000	6.6	10.5	2.6	4.0	20.4	15.1	19.7	21.1	152
1000 < 2000	8.5	10.6	2.1	-	28.7	8.5	26.6	14.9	94
2000 < 5000	12.0	9.2	-	2.6	36.8	19.7	17.1	2.6	76
5000 <10000	7.4	3.7	-	3.7	51.9	18.5	11.1	3.7	27
≥10000	16.7	-	-	-	41.7	33.3	-	8.3	12
Pfalz	7.9	8.9	2.5	4.3	24.9	15.3	20.5	15.7	517

Errechnet n. Daten aus Stat. v. Rhld.-Pf., Bd. 224

der südlichste Profilabschnitt hauptsächlich fällt.
Die durch Geburten- und Sterbefallüberschuß bestimmten Typen
(A-D) zeichnen sich in den Profilen durch eine geringere Variationsbreite ihrer Häufigkeit gegenüber den wanderungsbestimmten aus. Tendenzen ihrer räumlichen Verbreitung sind weniger klar zu erkennen als bei den übrigen Typen. Das N-S-Profil zeigt für die Geburtenüberschuß-bestimmten Typen A und B zusammen ein häufigeres Vorkommen für den Raum südlich der Linie Kaiserslautern - Ludwigshafen und für die Sterbefallüberschußbestimmten Typen C und D nördlich davon.
Obwohl durch den kurzen Erhebungszeitraum den Ergebnissen zwangsläufig Zufälligkeiten anhaften, zeigt die Auswertung der Typenkartierung eine hinreichende Übereinstimmung mit den vorausgegangenen Auswertungen zur Bevölkerungsentwicklung, was allerdings durch den Verzicht auf quantitative Abgrenzung der Typen erreicht wird. Dabei lassen sich die auf die Wanderungsvorgänge bezogenen Aussagen besser in Beziehung zur Raumstruktur bringen als die der natürlichen Bevölkerungsbewegung.

4.3 Erfassung der Altersaufbautypen

Für jede Gemeinde liegt in der amtlichen Statistik der in zehn Altersgruppen unterschiedlicher Klassenbreite gegliederte Altersaufbau vor, jedoch nicht geschlechtsbezogen. Lediglich die Bevölkerung des Landes, der Regierungsbezirke, Landkreise und kreisfreien Städte ist nach Altersgruppen mit einer Klassenbreite von einem Jahr in Verbindung mit einigen bevölkerungssoziologisch verwertbaren Merkmalen zugänglich.
Eine relativ breite Streuung in der Besetzung der Jahrgänge im Altersaufbau der Gemeindebevölkerungen und die daraus resultierenden Tendenzen ihrer Schrumpfung, Stagnation oder Wachstums werden bewirkt durch das Reproduktionsniveau, die Verteilung des Alters und Geschlechts der Gestorbenen und der Zu- und Fortgezogenen und schließlich durch episodische Ereignisse. Der Altersaufbau dient zudem als Ausgangsbasis zur Einschätzung al-

tersspezifischer, am Lebenszyklus und am Erwerbsleben orientierter Entwicklungen, einschließlich des daraus ableitbaren Bedarfs an Infrastruktur für die betreffenden Bevölkerungsgruppen.
Es sind zahlreiche Verfahren entwickelt worden, die in Gruppen gegliederte Altersverteilung einer Bevölkerung rechnerisch miteinander zu verbinden, um durch den Vergleich der gewonnenen Werte zu einer Charakterisierung zu kommen. Verbreitet ist die Zerlegung der Bevölkerung in drei Blöcke, in die noch nicht Erwerbsfähigen (<15 Jahre), die Erwerbsfähigen (15< 60 bzw. 65 Jahre) und die nicht mehr am Erwerbsleben teilnehmende Bevölkerung (≧60 bzw. 65 Jahre).
Aus der Summe der <15jährigen und der ≧65jährigen, ausgedrückt in v.h. des "Tragkörpers" (15 < 65jährigen), erhält man das sogenannte Abhängigkeitsverhältnis, wie es z.B. im Atlas zur Raumentwicklung (Tl. 4, 1976) angewandt wurde. Beim Altersindex nach BACKE (1971) wird der Quotient aus den <15jährigen und den ≧ 45jährigen mit dem Anteil der 15 < 45jährigen multipliziert, der etwa die Zeitspanne des reproduktionsfähigen Alters bezeichnet, während die ≧45jährigen den Bevölkerungsanteil in der "nachelterlichen Gefährtenschaft" darstellen. Hohe Werte entsprechen jungen Bevölkerungen, niedrige Werte deuten eine Überalterung an.
Ähnlich verfährt BILLETER (1954), der ebenfalls bevölkerungssoziologisch begründete Altersgruppen bildet, indem er den Quotienten, zusammengesetzt aus der Differenz "Nachwuchs" (<15jährigen) und Bevölkerungsanteil in der "nachelterlichen Gefährtenschaft" (≧50jährigen) und dem Anteil in der Phase der potentiellen Elternschaft (15 < 50jährigen) berechnet. Die Werte variieren zwischen +1 (demographisch jung) und -1 (demographisch alt).
Solche aus theoretischen Erwägungen konstruierte Rechenvorschriften gleichen einem mehr oder weniger gut passenden Lehrgerüst, das einen nicht unmittelbar erfaßbaren Sachverhalt mit den dafür als aussagekräftig erkannten Komponenten nachzeichnet. Mit den daraus gewonnenen Werten wird die Vergleichbarkeit

des Altersaufbaus von Bevölkerungen ermöglicht, doch bleibt es einer weitgehend subjektiven Bewertung überlassen, wo die Grenzen zwischen demographisch junger, alter oder stagnierender Bevölkerung zu ziehen sind. Deshalb wird man auch hier Schwellenwerte ermitteln müssen, um raumbezogene Gliederungen zu finden. Hinzu kommt, daß die aus der rechnerischen Verbindung von mehr als zwei Komponenten hervorgegangenen Ergebnisse an Anschaulichkeit verlieren, da nicht unmittelbar auf den Betrag der eingegebenen Komponenten geschlossen werden kann. Deshalb erscheint es sinnvoll, von Maßzahlen auszugehen, die eine Teilmasse in v.H. der Gesamtmasse darstellen.
Um für die Darstellung des Altersaufbaus der Gemeindebevölkerung den unmittelbaren Einblick in die Anteile der drei Altersgruppen (<15jährigen = A; 15< 60jährigen = B; ≥ 60jährigen =C) zu erhalten, werden zunächst aus jeder der drei Häufigkeitsverteilungen (Abb. 15 und 16) nach dem eingangs erläuterten Verfahren die beiden am stärksten sich durchsetzenden Schwellenwerte ermittelt. Die Altersgruppen (A, B, C) setzen sich demnach aus je drei, aus der Häufigkeitsverteilung begründete Ausprägungen (1, 2, 3) zusammen. Wie aus Tab. 22 ersichtlich ist, sind 3^3= 27 Kombinationen ableitbar, von denen in Wirklichkeit nur 19 möglich sind; die übrigen Möglichkeiten entfallen deshalb, weil die 100 % betragende Summe der drei Altersgruppenanteile unter- bzw. überschritten wird. Eine kartographisch vertretbare Wiedergabe wurde in der Weise gewonnen, daß die Ausprägungen der Altersgruppe A (1, 2, 3) in drei Signaturen festgelegt sind (Quadrat, Kreis und Rhombus), die der Altersgruppe B in der Größenabstufung dieser Signaturen und die der Altersgruppe C in der Füllung ihres Flächeninhalts (Abb. 17). Aus den positionstreu eingezeichneten Signaturen können somit, entsprechend den vorgegebenen Schwellenwerten, sowohl die Anteile der Altersgruppen für sich allein als auch in der Zusammenschau einschließlich ihrer Vergesellschaftung, entnommen werden.
Jedoch darf nicht übersehen werden, daß es sich um die Veranschaulichung von Relativwerten handelt. Es ist deshalb notwen-

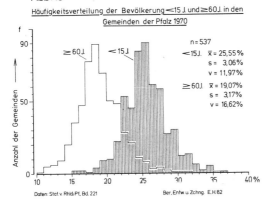

Abb. 15
Häufigkeitsverteilung der Bevölkerung <15 J. und ≥60 J. in den Gemeinden der Pfalz 1970

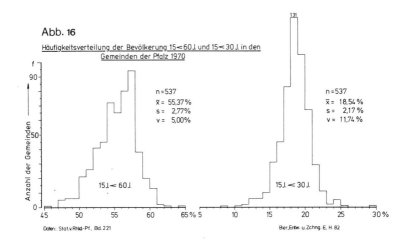

Abb. 16
Häufigkeitsverteilung der Bevölkerung 15<60 J. und 15<30 J. in den Gemeinden der Pfalz 1970

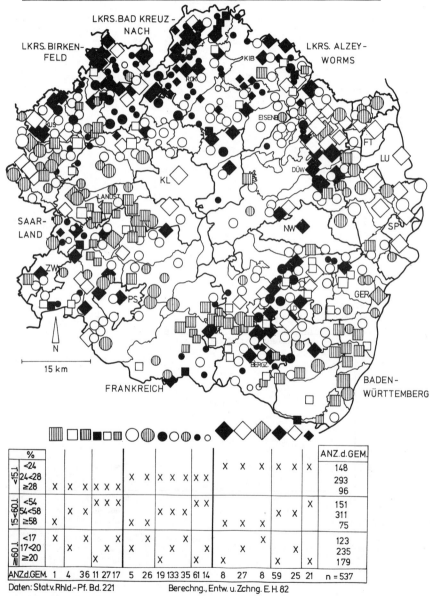

Abb.17
TYPEN DES ALTERSAUFBAUS DER GEMEINDEN IN DER PFALZ 1970

dig, eine quantitative Aussage über den absoluten Umfang der Ausgangsmasse in der Form von Gemeindegrößenklassen in den Signaturenschlüssel einzuarbeiten. Da aber die Form, die Gestaltung des Flächeninhalts und die Größe der verwendeten Figurensignaturen schon Träger quantitativer Aussagen sind, würde die Zuordnung einer vierten Komponente in die mit 19 Kombinationen ohnehin schon an der Grenze der Praktikabilität stehende Karte die Lesbarkeit erheblich einschränken. Diese Darstellung zeigt, daß die unangemessene Typenzahl zwar eine umfangreiche, raumbezogene Informationsentnahme sichert, aber andererseits die Interpretation erschwert; sie ist deshalb als Durchgangsstadium aufzufassen.

Tab. 22: Ableitung der Altersaufbau-Typen

Altersgruppe	A <15J.	B 15 <60J.	C ≥60J.
Merkmalsausprägung i.v.H.	<24 (1) 24<28 (2) ≥28 (3)	<54 (1) 54<58 (2) ≥58 (3)	<17 (1) 17<20 (2) ≥20 (3)
A	[1 1] 1 [1] 1 1 1 1 1 [2] 2 2 2 2 2 2 2	[2] 3 3 3 3 3 [3] 3 [3 3]	
B	[1 1] 1 [2] 2 2 3 3 3 [1] 1 1 2 2 2 3 3	[3] 1 1 1 2 2 [2] 3 [3 3]	
C	[1 2] 3 [1] 2 3 1 2 3 [1] 2 3 1 2 3 1 2	[3] 1 2 3 1 2 [3] 1 [2 3]	

☐ = entfällt aus o.g. Gründen

Eine überschaubare Typenanzahl aus der vorangegangenen Ableitung, einschließlich ihrer Aufbereitung nach Gemeindegrößenklassen, erreicht man zunächst durch die Gliederung jeder Altersgruppe mit nur einem Schwellenwert, der jeweils aus der Häufigkeitsverteilung hervorgeht. Für die < 15jährigen ist es die 24 %-Schwelle, die zugleich den Anteil dieser Altersgruppe in der Pfalzbevölkerung darstellt, für die 15 < 60jährigen, dem "Tragkörper" die 54 %- und für die ≥60jährigen die 20 %-Schwelle (Tab. 23).
Die Kombination (111) entfällt wiederum, weil die Beträge der

drei Merkmale zusammen 100 % nicht erreichen. Weiterhin erfordert die starke Besetzung der Kombination (221) mit n=240 Gemeinden eine Differenzierung der Altersgruppe C, wie sie durch die Schwellenwerte in der Häufigkeitsverteilung vorgegeben sind, nämlich in den Typ e mit 17<20 % und Typ f mit <17 % der ≥60jährigen.

Tab. 23: Ableitung der Altersaufbau-Typen (2)

Altersgruppe	A <15 J.	B 15<60 J.	C ≥60 J.
Merkmalsaus-	<24 (1)	<54 (1)	<20 (1)
prägung i.v.H.	≥24 (2)	≥54 (2)	≥20 (2)

			mögliche	Kombinationen					
A	[1]	1	1	1	2	2	2	2	Typ e
B	[1]	2	1	2	2	2	1	1	C 17<20 %
C	[1]	1	2	2	2	1	2	1	Typ f
Typ		a	b	c	d	e/f	g	h	C <17 %

Wie außerdem aus Abb. 18 ersichtlich wird, ist in den Typen g, d und a die zweigipflige (bimodale) Häufigkeitsverteilung der 15<60jährigen durch die Schwellenwerte (in dieser Reihenfolge) < 54 %, 54<56 % und ≥56 % berücksichtigt und bei Typ b der ebenfalls stark ausgeprägte Schwellenwert 22 % bei den ≥60jährigen.

In diese Übersicht der Altersaufbau-Typen im Konzentrations-Dreieck sind auch die Projektionspunkte für die Gemeinden mit höchster und niederster Merkmalsausprägung der drei Altersgruppen eingezeichnet. Die Verbindung dieser Punkte bildet das Feld der Variationsbreite ab, das durch die Schwellenwert-Linien in die den Typen a-h entsprechenden Teilflächen gegliedert ist. Aus ihrer Lage im Diagramm ergeben sich Anhaltspunkte zur Unterscheidung von Bevölkerungen mit jungem und älterem Alters-

Abb. 18 Variationsbreite der Altersaufbau-Typen pfälzischer Gemeinden 1970

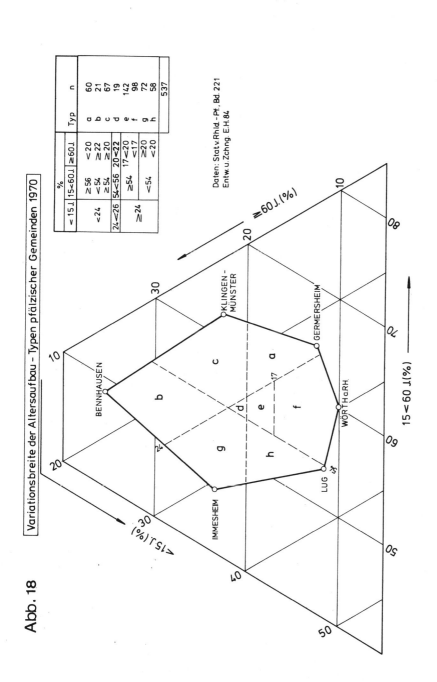

aufbau, denn bei zunehmendem Anteil der <15jährigen sinkt auch das Durchschnittsalter der Bevölkerungen. So beträgt (bei einer Klassenbreite von 15 Jahren) das gewogene mittlere Alter der Pfalzbevölkerung (1970) 35,9 Jahre, für die Bevölkerungen von Bennhausen 45,3, Lug 29,7, Wörth a.Rh. 30,2, Germersheim 32,7, Klingenmünster 34,0 und Immesheim 36,3 Jahre. Die räumliche Verteilung der Typen liegt in Abb. 19 vor.

Dem möglichen Einwand, daß man die Altersgruppe der $\geq$60jährigen vernachlässigen und so die Typenzahl verringern kann, weil sie das Komplement zu 100 % darstellt, steht eine zu große Variationsbreite solcher Typen und damit eine Verarmung in der Aussage entgegen.

4.4 Räumliche Unterschiede in der Verteilung der Altersaufbau-Typen

Die aus den Karten der Bevölkerungsverteilung und ihrer Veränderung 1939/70, der Fruchtbarkeit (GMZ) und der Bevölkerungsentwicklungs-Typen erkennbaren Verteilungsmuster weisen schon mittelbar auf bedeutende, vorwiegend auf der selektiven Wirkung der Wanderungsvorgänge beruhende Unterschiede im Altersaufbau der Gemeinden hin.

Wie aus der Verteilung der Gemeinden auf die Alteraufbau-Typen in den Landkreisen und Regionen (Tab. 24) in Verbindung mit dem Typenspektrum in den Gemeindegrößenklassen (Tab. 25) ersichtlich wird, ergibt die Vergesellschaftung der Typen zusammen mit ihren relativen Anteilen in einer Gebietseinheit bereits Hinweise, die sich zwanglos in den Merkmalskatalog für die als Aktiv- und Passivräume unterschiedlicher Ausprägung ausgewiesenen Landesteile einreihen.

So unterscheidet sich beim Vergleich der Regionen die Vorderpfalz von der Süd- und Westpfalz durch einen hohen Prozentsatz der Typen a, e und f. Der bedeutendste Unterschied liegt dabei in der Verteilung des Typs a.

Hoher Besatz an Erwerbsfähigen, unter dem Wert der Pfalzbevölkerung liegende Anteile des "Nachwuchses" und mittlere, teils

Abb. 19 TYPEN des ALTERSAUFBAUS der GEMEINDEN in der PFALZ 1970

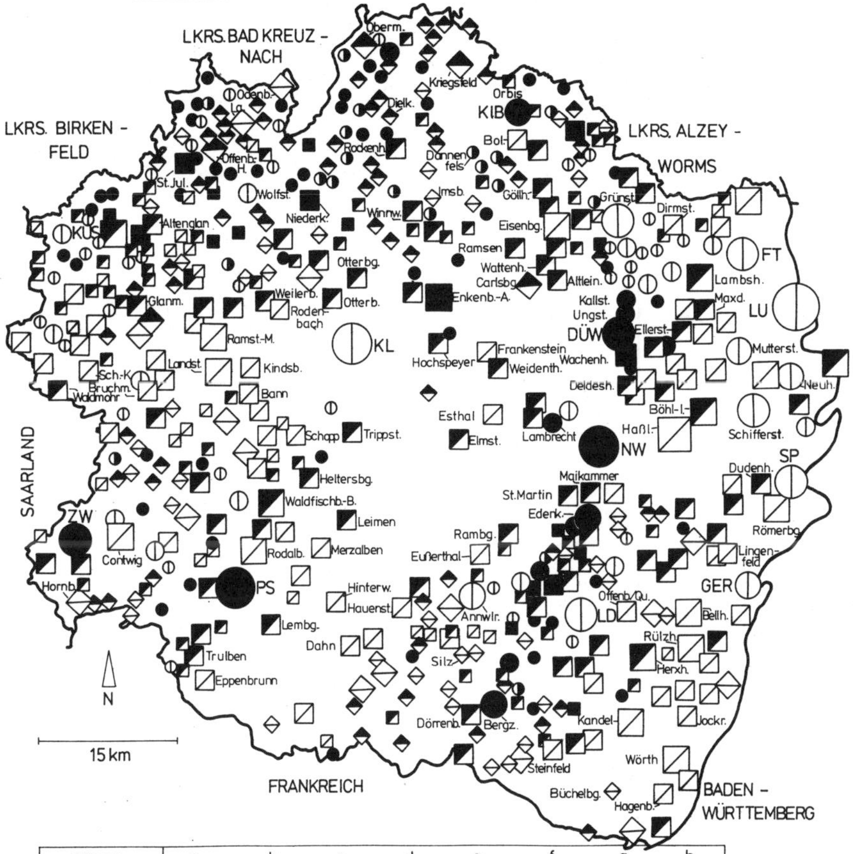

ALTERSKLASSEN	TYPEN	a	b	c	d	e	f	g	h	n
	<15 J.	<24%			24-26%	≥24%				
	15 < 60 J.	≥56%	<54%	≥54%	54<56%	≥54%		<54%		
	≥60 J.	<20%	≥22%	≥20%	20<22%	17<20%	<17%	≥20%	<20%	
GEMEINDEN mit ... bu ... EINWOHNER	<1000	. ⌀	◐	●	■	◪	◨	◆	◇	318
	1000<5000	⌀	—	●	■	◪	◨	◆	◇	181
	5000<10000	⌀	—	●	■	◪	—	—	—	26
	10000<50000	⌀	—	●	—	—	◨	—	—	8
	50000<100000	⌀	—	●	—	—	—	—	—	3
	≥100000	⌀	—	—	—	—	—	—	—	1
	Pfalz	60	21	67	19	142	98	72	58	537

DATEN: STAT. v. RHLD.-PF., Bd. 221   BERCHNG, ENTW. u. ZCHNG. E.H. 84

Tab. 24: Verteilung der Altersaufbau-Typen in Landkreisen und kreisfreien Städten der Pfalz 1970

Landkreise und kreis-freie Städte	Altersaufbau - Typ									in v. H.							
	a	b	c	d	e	f	g	h	n	a	b	c	d	e	f	g	h
Kreisfr.St.	5	-	3	-	-	-	-	-	8	62.5	-	37.5	-	-	-	-	-
Bad Dürkh.	13	1	9	2	18	5	2	-	50	26.0	2.0	18.0	4.0	36.0	10.0	4.0	-
Donnersbergkrs.	3	11	14	1	20	2	27	7	85	3.5	12.9	16.5	1.2	23.5	2.3	31.8	8.2
Germersheim	1	-	2	1	8	17	1	6	36	2.8	-	5.5	2.8	22.2	47.2	2.8	16.7
Kaisersl.	2	1	3	3	15	16	3	6	49	4.1	2.0	6.1	6.1	30.6	32.7	6.1	12.2
Kusel	17	5	17	7	22	14	18	6	106	16.0	4.7	16.0	6.6	20.8	13.2	17.0	5.7
Landau-Bgz.	7	2	11	5	26	7	8	18	84	8.3	2.4	13.1	6.0	31.0	8.3	9.5	21.4
Ludwigshafen	5	-	-	-	9	12	-	-	26	19.2	-	-	-	34.6	46.2	-	-
Pirmasens	4	-	5	-	18	19	6	6	58	6.9	-	8.6	-	31.0	32.8	10.3	10.3
Zweibrücken	3	1	3	-	6	6	7	9	35	8.6	2.9	8.6	-	17.1	17.1	20.0	25.7
Pfalz	60	21	67	19	142	98	72	58	537	11.2	3.9	12.5	3.5	26.4	18.2	13.4	10.8
Regionen 1967/76																	
Vorderpfalz	21	1	10	2	27	17	2	-	80	26.2	1.2	12.5	2.5	33.8	21.3	2.5	-
Südpfalz	9	2	13	6	34	24	9	24	121	7.4	1.7	10.7	5.0	28.1	19.8	7.4	19.8
Westpfalz	30	18	44	11	81	57	61	34	336	8.9	5.4	13.1	3.3	24.1	17.0	18.1	10.1

Errechnet n. Daten aus Stat. v. Rhld.-Pf., Bd. 221

Tab. 25: Verteilung der Altersaufbau-Typen in der Pfalz 1970 nach Gemeindegrößenklassen

Gemeinde-größen-klasse	Altersaufbau-Typ																	
	a	b	c	d	e	f	g	h	n	a	b	c	d	e	f	g	h
<200	1	6	8	-	3	3	6	1	28	3.6	21.4	28.6	-	10.7	10.7	21.4	3.6
200 < 500	17	11	19	2	19	11	36	17	132	12.9	8.3	14.4	1.5	14.4	8.3	27.3	12.9
500 < 1000	16	4	25	9	42	13	25	24	158	10.1	2.5	15.8	5.7	26.6	8.2	15.8	15.2
1000 < 2000	8	-	6	4	39	28	4	13	102	7.8	-	5.9	3.9	38.2	27.5	3.9	12.7
2000 < 5000	7	-	2	3	33	30	1	3	79	8.8	-	2.5	3.8	41.8	38.0	1.3	3.8
5000 < 10000	4	-	3	1	6	12	-	-	26	15.4	-	11.5	3.8	23.1	46.1	-	-
10000 < 50000	5	-	2	-	-	1	-	-	8	62.5	-	25.0	-	-	12.5	-	-
≥ 50000	2	-	2	-	-	-	-	-	4	50.0	-	50.0	-	-	-	-	-
Pfalz	60	21	67	19	142	98	72	58	537								
<2000	42	21	58	15	103	55	71	55	420	10.0	5.0	13.8	3.6	24.5	31.1	16.9	13.1
≥2000	18	-	9	4	39	43	1	3	117	15.4	-	7.7	3.4	33.3	36.7	0.9	2.6

Errechnet n. Daten aus Stat. von Rhld.-Pf., Bd. 221

den Wert für die Pfalz unterschreitende Anteile der ≧60jährigen sind die Merkmale von Typ a, der in allen Gemeindegrößenklassen vertreten ist, prozentual in den Gemeinden ≧ 10.000 Einwohner dominiert und seine größte absolute Häufigkeit in den Landkreisen Bad Dürkheim und Kusel in Gemeinden mit weniger als 5.000 Einwohner hat. Zwei Drittel aller Gemeinden vom Typ a ist gemeinsam, daß ihre Geburtenmaßzahl unter dem Wert für die Pfalzbevölkerung liegt. Das mittlere Verhältnis der Erwerbsfähigen, die noch dabei sind, ihre Chancen beruflicher Entwicklung zu nutzen und meist in der Gruppe der 15<45jährigen zusammengefaßt werden, zu der Gruppe der 45<60jährigen, die schon in der Regel ihre berufliche und soziale Position erreicht haben, liegt bei 2.4 : 1.
In stärkerer Konzentration tritt Typ a in der industriellen Kern- und Randzone zwischen Grünstadt und Ludwigshafen auf; darauf ist auch das Maximum im O-W-Profil (Abb. 20) zurückzuführen. Erst im Westen der Pfalz, westlich des Glans und im Zweibrücker Westrich, ist wieder ein häufigeres, aber gestreuteres Vorkommen festzustellen.
Im Gegensatz zum Typ a vereinigen die in der Pfalz am häufigsten anzutreffenden Typen e und f Gemeinden mit einem über dem der Pfalzbevölkerung liegenden Anteil der <15jährigen. Zum Typ e zählen Gemeinden mit eng um die Werte für das Untersuchungsgebiet streuenden Anteile der Erwerbsfähigen und der ≧60jährigen.
Typ f enthält die Gemeinden mit geringen Anteilen an ≧60jährigen, was bei stärkerer Beteiligung der <15jährigen und der Erwerbsfähigen eine demographisch jüngere Bevölkerung zur Folge hat. Fast ein Viertel der Gemeinden unter 2.000 Einwohner gehören dem Typ e an, während Typ f am häufigsten unter den Gemeinden ≧2.000 Einwohner zu finden ist und in dieser Größenklasse zusammen mit Typ e 70 % ausmacht.
Aus dem O-W- und N-S-Profil (Abb. 20) ergibt sich, daß Typ f in der Tendenz sich ähnlich wie Typ a verhält, während Typ e, besonders im O-W-Profil erkennbar, in den Gebietsstreifen häufiger vorkommt, wo Typ f weniger verbreitet ist und umgekehrt.

Sie unterscheiden sich erheblich im Verhältnis der jüngeren zu den älteren Erwerbsfähigen, das bei Typ f im Mittel 2.8 : 1 beträgt und in dem jungen Industriestandort Wörth a.Rh. 4.3 : 1 erreicht, während für Typ e das mittlere Verhältnis 2.5 : 1 gilt.
Weniger bedeutend in ihrer Verbreitung sind die Typen c und d. Gemeinden des Typs c sind entlang des Ostabfalls des Pfälzerwaldes mehr bandartig angeordnet, während sie sonst stärker in der Nordpfalz vorkommen und keine charakteristischen Verteilungsmuster erkennen lassen. Sie unterscheiden sich durch höhere Anteile der Erwerbsfähigen von Typ b, aber nur wenig im mittleren Verhältnis der jüngeren zu den älteren Erwerbsfähigen.
Typ d nimmt dagegen eine vermittelnde Stellung ein, wie aus seiner zentralen Lage in den Dreiecks-Koordinaten (Abb. 19) zu ersehen ist. Die Anteile an 15 <45- und ≥ 45jährigen verhalten sich im Mittel etwa 1 : 1. Die meisten der Gemeinden dieses Typs haben weniger als 2.000 Einwohner und sind in der Westpfalz vertreten, besonders im Landkreis Kusel.
Verteilungsmuster der Typen a, f, e und c sind z.B. charakteristisch in der Vorderpfalz entwickelt. Hier sind aufgrund räumlicher Mobilität, besonders der Randwanderungen, stärkere Umschichtungen im Altersaufbau der Gemeinden zu erwarten. Die dafür maßgeblichen Prozesse, die suburbane Zonen entstehen ließen, sind eingehend von FRICKE (1981), HERDEN (1981) und SCHAEFFER (1977) untersucht worden. Bezüglich der Typenverbreitung ist allerdings keine unmittelbare Vergleichsmöglichkeit mit diesem in Prozeßtypen erfaßten Wanderungsgeschehen gegeben, da der Altersaufbau-Typ den Ist-Zustand 1970 abbildet, also die unterschiedliche Ausgangsposition der Gemeinden vor dem Einsetzen der Umschichtungsprozesse samt ihren Veränderungen danach zusammenfaßt. Doch ergeben sich im folgenden durchaus Anhaltspunkte, die Vergesellschaftung der Typen damit in Verbindung zu bringen.
So erstreckt sich zwischen Ludwigshafen, der bevölkerungsreichsten Gemeinde von Typ a und Neustadt a.d.W. ein Siedlungsband,

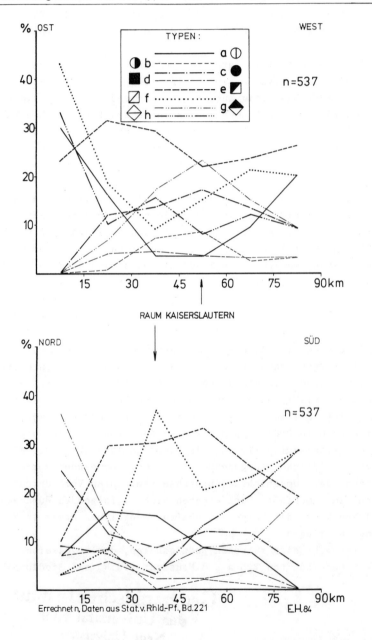

das vorwiegend aus Gemeinden des Typs f zusammengesetzt ist und sich im Norden in den Gemeinden Birkenheide, Beindersheim, Dirmstein, Großniedesheim und Bobenheim-Roxheim fortsetzt. Es sind Gemeinden, deren Wanderungsgewinn 1961/70 meist weit über dem Pfalzdurchschnitt (4.0 %) und über dem von Ludwigshafen (6.2 %) liegt, an der Spitze Beindersheim (86 %) und Limburgerhof (33.2 %). Gesäumt wird dieses Verbreitungsgebiet von Gemeinden des Typs e, die im Nordwesten häufiger anzutreffen sind als südwestlich davon. Der Wanderungsgewinn in dieser Zeitspanne liegt in diesen Gemeinden mit wenigen Ausnahmen (Altrip, Böhl-Iggelheim, Kleinniedesheim,Lambsheim) unter dem von Typ f, einige Gemeinden weisen auch Wanderungsverluste auf (Deidesheim, Ruppertsberg, Meckenheim). Noch stärker ausgeprägt sind die Wanderungsverluste der Gemeinden vom Typ c in diesem Zeitraum, die westlich davon am Haardtrand entlang verbreitet sind. Wanderungsgewinne liegen zwischen 2.4 % (Bobenheim a.Bg.) und 7.7 % (Ungstein).

Allen vier Typen ist ein hoher Besatz an Erwerbsfähigen gemeinsam, der aber, nach jüngeren und älteren Erwerbsfähigen unterschieden, aufschlußreiche Abwanderungen im Verhältnis der beiden Gruppen zueinander zeigt. Für die Gemeinden in der Vorderpfalz vom Typ a errechnet sich ein mittleres Verhältnis der jüngeren zu den älteren Erwerbsfähigen von 2.5 : 1, das beim nach Westen sich anschließenden Typ f 2.84 : 1 ansteigt, für den Typ e 2.6 : 1 beträgt und bei den Gemeinden des Typs c auf 2.1 : 1 absinkt. Da die jüngere Gruppe der Erwerbsfähigen auch mit der reproduktiven Bevölkerungsgruppe identisch ist, enthalten die Gemeinden vom Typ f die demographisch jüngeren Bevölkerungen, entsprechend gering ist auch der Anteil der ≥60jährigen. "Abkernige Nahdistanzwanderungen" überwiegend junger Erwerbsfähiger mit ihren Familien, wobei der Einfluß durch Abwandernde aus ländlichen Räumen in die Randbereiche der Kernstädte als unbedeutend einzustufen ist (HERDEN 1981, S. 282), kommen diesen Gemeinden zugute und dürften ausschlaggebend bei der Entstehung dieses Typs sein. Somit wäre aus diesem Wanderungsgeschehen auch das niedrigere Verhältnis der beiden Erwerbsfähi-

gen-Gruppen, damit der niedrigere Besatz des "Nachwuchses" und die relative Anreicherung der ≥60jährigen in den größeren Städten vom Typ a verständlich.
Ein Erklärungsansatz für die fallende Tendenz des mittleren Anteils an jüngeren Erwerbsfähigen in den Gemeinden vom Typ e über die vom Typ a zu den vornehmlich am Haardtrand verbreiteten Gemeinden des Typs c, ist der von FRICKE (1981, S. 223) beschriebene Mangel an nichtlandwirtschaftlichen Ausbildungsplätzen, Arbeitsstätten und Bauland, sodaß diese Altersgruppe nicht an die Gemeinde gebunden werden kann. Solche Gemeinden des Typs a mit <1.000 Einwohner sind besonders im Bereich der Vorhügelzone südöstlich Grünstadt verbreitet und weisen 1961/70 überwiegend Wanderungsverluste auf. Ebenso sind davon z.b. Haardtrandgemeinden vom Typ c betroffen, die zwar eine Zuwanderung an älteren Erwerbsfähigen in gehobener beruflicher Stellung als potentielle Ruhesitzorientierte zu verzeichnen haben, aber andererseits die jüngsten Erwerbsfähigen wegen nicht ausreichenden Ausbildungsmöglichkeiten verlieren (FRICKE, ibid.), sodaß sich ein niedriges Verhältnis der jüngeren zu den älteren Erwerbsfähigen herausbildet. Nicht nur der landschaftlichen Schönheit des Haardtrandes ist hier die Attraktivität der Wohnlage zuzuschreiben, sondern auch ihrer Lage im Übergangsbereich vom Belastungsklima der Oberrheinebene zum Schonklima der höheren Lagen, die durch die Nähe der Städte und guter Verkehrsanbindung nicht mit einer Abseitslage erkauft werden muß.
Der am stärksten hervortretende Unterschied in der Altersgliederung der Südpfalz im Vergleich mit den übrigen Regionen liegt in der Häufigkeit des Typs h, der in der Regel Bevölkerung mit hohen Geburtenmaßzahlen umfaßt und in den Gemeinden zwischen 200 und 2.000 Einwohner im Landkreis Landau - Bad Bergzabern am häufigsten vorkommt (siehe auch Abb. 20). Wie bei Typ f ist auch bei Typ h das Verhältnis der beiden Erwerbsfähigen-Gruppen stark zugunsten der jüngeren verschoben (2.8 : 1), aber insgesamt mit geringerem Anteil der Erwerbsfähigen.
Relativ hohe Anteile der Typen b und g im Typenspektrum der Westpfalz stehen für Gemeinden, die aufgrund von Schwächen in

der Erwerbs- und Infrastruktur Verluste in der erwerbsfähigen und damit meist auch in der reproduktiven Bevölkerung verzeichnen. Das führt besonders bei Gemeinden vom Typ b zu stärkerem Hervortreten der ≧60jährigen. Bei diesem Typ liegt das mittlere Verhältnis der "jüngeren" zu den "älteren" Erwerbsfähigen erwartungsgemäß am niedrigsten von allen Typen, nämlich 2.19 : 1; außerdem entfallen im Mittel auf 1.000 Erwerbsfähige 15<45 Jahre 1.170 Personen ≧45 Jahre, was wiederum die Tendenz zur Überalterung unterstreicht.

Diese ist in den Gemeinden vom Typ g nicht so stark ausgeprägt, deren Anteil der ≧60jährigen zwischen 20 und 29 % und der der <15jährigen zwischen 24 und 32 % variiert. Dagegen ist das Verhältnis der beiden Erwerbsfähigen-Gruppen im Mittel nur unbedeutend zugunsten der jüngeren verschoben.

Im wesentlichen betrifft das Gemeinden <1.000 Einwohner, die am häufigsten in der Nordpfalz anzutreffen sind, wie aus dem N-S-Profil (Abb. 20) zu entnehmen ist. In diesem Gebiet ist es der landwirtschaftlich geprägte Beharrungsraum des Donnersbergkreises, wo die beiden Typen absolut und prozentual das Typenspektrum beherrschen. Man findet sie östlich des Donnersbergkreis, im Appelbach- und Alsenztal und in der Alten Welt, dem Hügelland zwischen Rockenhausen und Wolfstein im Lautertal. Weniger auffällig, aber doch die übrigen Landkreise übertreffend, ist die Verbreitung dieser Typen im Landkreis Kusel, hier besonders im Raum Lauterecken.

Zusammenfassend sind im Überblick folgende Verteilungsmuster zu erkennen: Die industriellen Kernzonen der Vorderpfalz, der Südosten der Pfalz, bereits im Einflußbereich von Karlsruhe, ebenso die gewerblich-industriell geprägten Gebiete in der Kaiserslauterer Senke und im Umland von Pirmasens und Zweibrücken, sind das Verbreitungsgebiet von demographisch jungen Gemeinden des Typs f. In der Vorder- und Südpfalz klarer ausgebildet, tritt Typ f zusammen mit Typ a auf und wird randlich von einer Zone des Typs e begleitet, der zu den Gemeinden des Haardtrandes überleitet, unter denen Typ c bandartig konzentriert auftritt. Prozesse, die der Entwicklung dieser Typen zugrundelie-

gen, wurden für die Vorderpfalz beschrieben. Nordöstlich der
Kaiserslauterer Senke und nordwestlich des Eisenberger Beckens
folgt auf die Zone des Typs e das Verbreitungsgebiet der Typen
b und g in einem landwirtschaftlichen Beharrungsraum mit Wanderungsverlusten aufgrund von Strukturschwächen. Auffallend ist
das Vorherrschen des Typs g im Tal der Lauter, der Alsenz und
des Appelbachs, während Typ b, der für die demographisch ältesten Gemeinden steht, vornehmlich abseits dieser Talräume
vorkommt.
Auch die Sickinger Höhe zählt zu den landwirtschaftlichen Beharrungsräumen, wo aber durch die Nähe der Industriestandorte
in der Kaiserslauterer Senke und des östlichen Saarlandes die
Gemeinden des Typs b und g nur schwach vertreten sind.
Insgesamt tritt bei zunehmender Gemeindegröße eine Verarmung
des Typenspektrums ein; ob dies als Anzeichen einer konvergenten Entwicklung zu werten ist, müßte durch zeitliche Längsschnitte des Altersaufbaus ermittelt werden.

5.0 Erwerbs- und Sozialstruktur

Von nachhaltigem Einfluß auf den Lebenszyklus, die soziale
Stellung und die Gestaltung des Lebensraumes ist die berufliche
Tätigkeit der Menschen, mit der sie ihren Lebensunterhalt und
den ihrer am Erwerbsleben unbeteiligten Angehörigen sichern und
für die nachfolgende Generation die sozialökonomische Ausgangsbasis mitgestalten. So wird, eingebunden in die überregionalen
volkswirtschaftlichen Zusammenhänge, das Erscheinungsbild und
die Entwicklungsdynamik einer Gemeinde wesentlich durch die
ortsansässigen Produktionszweige und die darin Beschäftigten
geprägt. Dabei ist zu berücksichtigen, daß die in der Gemeinde
wohnenden Erwerbstätigen in der Regel nicht alle einen Arbeitsplatz am Ort finden, denn einerseits reicht meist die Zahl der
Arbeitsplätze nicht aus oder die Verdienstmöglichkeiten entsprechen nicht den Vorstellungen, andererseits sind vielfach
von den Betrieben in der Gemeinde nachgefragte berufliche Qua-

Aus diesen Verhältnissen folgt zwangsläufig mit zunehmendem Industrialisierungsgrad und Konzentration des produzierenden Gewerbes ein mehr oder weniger stark entwickelter Pendelverkehr. "War er (der Pendelverkehr) in den Agglomerationsräumen eine Folge der übergroßen Zuwanderung und als Folge davon der Ausdehnung des Siedlungsraumes, so entstand er dort (in den ländlichen Gebieten) als eine Kompromißlösung gegen die Abwanderung" (BOUSTEDT 1970, i. Handwb. d. Raumordnung und Raumforschung, Sp. 2284).

Während vor dieser Entwicklung eine angemessene Typisierung der Gemeinden nach ihrer Erwerbs- und Sozialstruktur am Wohnort ausreichte, ist jetzt eine dreifache nach Wohnort, Arbeitsort und Berufspendlerverhältnissen unverzichtbar, um dem heutigen Erscheinungsbild näherzukommen. Aufgrund der daraus sichtbar werdenden vielfältigen Verflechtungen im Raum, fällt es schwer, der Auffassung von HESSE (1950, S. 41) zu folgen, der die Gemeinden als organische und eigengesetzliche Gebilde sieht. LINDE (1952, S. 68) dagegen legt seiner Typenbildung ein realistisches Bild der Gemeinde zugrunde, indem er herausstellt, "daß der gemeindliche Zusammenhang des Wirtschaftslebens kein organischer... ist, sondern nur ein topographischer, also ein Zusammenhang unter dem örtlichen Ordnungsgesichtspunkt des Standorts..., daß die Struktur des sozialen Bestandes, der sich uns im statistischen Material als Summe darstellt, nicht die einer Gemeinschaft ist, sondern prinzipiell als eine agglomerative Vergesellschaftung heterogener Teilmassen oder Gruppen aufgefaßt werden sollte."

Diese Betrachtungsweise ist auch für die folgenden Typisierungen wesentlich. Dabei erweist es sich als vorteilhaft, die Gemeinden gesondert nach der Stellung im Beruf ihrer Erwerbstätigen am Wohnort, nach der Zugehörigkeit ihrer Erwerbstätigen zu den Wirtschaftsbereichen und nach den Berufspendleranteilen zu typisieren und ihre räumliche Verteilung darzustellen. Erst die Zusammenschau der drei Zuordnungen, der ergänzende Kennzeichen zum Altersaufbau, zur Zentralität und zum Fremdenverkehr hinzugefügt werden, ergibt, entsprechend dem zugrundeliegenden sta-

tistischen Material ein hinreichend abgerundetes Bild. Sie kann in einer leicht auffaßbaren Buchstaben-Ziffernformel wiedergegeben werden (siehe Anhang).
Die amtliche Statistik zählt zu den Erwerbstätigen alle Personen, "die irgendeinen Erwerb, sei es auch nur kleinsten Umfangs - beispielsweise einige Wochenstunden - nachgehen, gleichgültig ob die hieraus überwiegend ihren Lebensunterhalt bestreiten oder nicht. Danach werden, neben Ordensangehörigen im erwerbsfähigen Alter, Strafgefangene, mithelfende Familienangehörige und Soldaten auch ein Teil der Schüler und Studierenden zu den Erwerbstätigen gerechnet. Eine ehrenamtliche Tätigkeit gilt nicht als Erwerbstätigkeit. Die Erwerbstätigen wurden dem Wirtschaftsbereich und der Stellung im Beruf zugerechnet, in denen sie ihre erste oder einzige Tätigkeit ausübten" (Statistik von Rheinland-Pfalz, Bd. 221, S. 8).
Wie groß die Teilnahme einer Bevölkerung am Erwerbsleben sein könnte, läßt sich aus dem Altersaufbau durch die Bestimmung des Anteils der "Erwerbsfähigen" ableiten, womit man die Altersgruppe der 15 < 65 bzw. <60jährigen meint (s.a. S. 79). Diese Festlegung ist jedoch formal und nur als grober Behelf zu bewerten, da wesentliche Merkmale, z.B. physische und geistige Leistungskraft, Arbeitsteilung der Geschlechter, Branchenstruktur und gesamtwirtschaftliche Situation darin keine Berücksichtigung finden. Außerdem ist die obere Altersgrenze durch die Möglichkeit unterschiedlichen Eintritts in den Ruhestand, z.B. im Hinblick auf die Gruppe der Selbständigen und mithelfenden Familienangehörigen, schwer zu erfassen.
Für die männlichen Berufstätigen der deutschen Bevölkerung in der BRD 1978 (s. KULS 1980, Abb. 15, S. 97) lag die Erwerbsquote im Alter von 65 Jahren bei 30 %, im Alter von 60 Jahren dagegen bei 65 %, bei den weiblichen Berufstätigen bei 8 % bzw. 25 %; die Zeitspanne, in der 50 % und mehr der männlichen Erwerbsfähigen im Arbeitsleben standen, lag zwischen 18 und 62 Jahren und bei den Frauen zwischen 19 und 48 Jahren. Die Daten sind bereits leicht beeinflußt durch die strukturelle Arbeitslosigkeit; denn 1978 betrug die Arbeitslosenquote 4,3 %.

Statistisch gesehen ergeben sich aus der großen Variationsbreite der alters- und geschlechtsspezifischen Erwerbsquote stets niedrigere Prozentsätze als die des Anteils an Erwerbsfähigen. In der Pfalz sind demnach im Jahr 1970 von 100 Einwohnern 57 erwerbsfähig (15< 60J.), aber nur 43 nehmen am Erwerbsleben teil. Unter den Landkreisen gibt es hinsichtlich der Erwerbsquoten geringe Schwankungen; im Landkreis Kaiserslautern entfallen auf 100 Einwohner 40 Beschäftigte und im Landkreis Pirmasens 46; bei den kreisfreien Städten verhält es sich mit 40 Erwerbstätige/100 Einwohner in Zweibrücken und 44 Erwerbstätige/ 100 Einwohner in Ludwigshafen ähnlich. Im allgemeinen liegt in landwirtschaftlich geprägten Räumen die Erwerbsquote etwas höher, so z.B. im Landkreis Landau - Bad Bergzabern, wo bei 21 % Erwerbstätige in der Landwirtschaft auf 100 Einwohner 45 Beschäftigte entfallen. Dagegen ist die Erwerbsquote im Landkreis Pirmasens auf den hohen Besatz an Beschäftigten im produzierenden Gewerbe (67 %) zurückzuführen.

Eine Betrachtung der Erwerbsstruktur nur nach der Verteilung der Berufstätigen am Wohnort auf die Wirtschaftsbereiche würde den für die meisten Gemeinden der Pfalz bedeutsamen Berufspendelverkehr unterschätzen und die Zusammenhänge verzerrt wiedergeben. Wie stark sich die Verschiebungen bemerkbar machen, zeigt die Gegenüberstellung des Anteils der Erwerbstätigen in der Landwirtschaft, im produzierenden Gewerbe und im Dienstleistungsbereich am Wohnort und am Arbeitsort (= Erwerbstätige am Wohnort - Auspendler + Einpendler) zusammen mit den Berufspendleranteilen in Abhängigkeit von der Gemeindegröße (Abb. 21).

Die bedeutendsten Unterschiede der Erwerbstätigen am Wohnort zu den Erwerbstätigen am Arbeitsort treten in den Größenklassen unter 5.000 Einwohner auf, das ist der Bereich, in dem die Auspendlergemeinden häufig sind. In den Klassen mit höheren Einwohnerzahlen gewinnen die Wechsel- und Einpendlergemeinden an Bedeutung, wobei größere Schwankungen in den Größenklassen über 5.000 Einwohner zum Teil auf die niedrige Gemeindezahl zurückführbar ist.

Nach Wirtschaftsbereichen betrachtet, kommt es durch die Berufspendler bei den Erwerbstätigen in der Landwirtschaft am Arbeitsort zu einer relativen Anreicherung, bei abnehmender Tendenz von den Gemeinden mit niedriger zu höheren Einwohnerzahlen. Daß die Erwerbstätigen im produzierenden Gewerbe in der Hauptsache daran beteiligt sind, zeigt sich im umgekehrten, fast symmetrischen Verlauf dieses Kurvenpaares bei den Größenklassen unter 5.000 Einwohner; darüber macht sich der bis dahin unbedeutende Einfluß der Erwerbstätigen im Dienstleistungsbereich (ohne Handel und Verkehr) stärker bemerkbar. Entsprechend der quantitativen Bedeutung der Erwerbstätigen im produzierenden Gewerbe wirkt sich auch in den Größenklassen unter 5.000 Einwohner ein in der Tendenz ähnlicher Verlauf der Kurve der Erwerbstätigen am Wohnort zu der der Berufsauspendler und der Erwerbstätigen am Arbeitsort zu der der Berufseinpendler aus. Die Auszählung der Gemeinden nach dem prozentualen Anteil der Erwerbstätigen in den Wirtschaftsbereichen am Wohn- und Arbeitsort (Abb. 22 und 23) macht zusammenfassend das Ausmaß dieser Umverteilung deutlich.

Merkmale, die zur Einschätzung der Sozialstruktur eines Raumes dienen können, sind im Vergleich zu denen über wirtschaftliche Verhältnisse im Erhebungsprogramm der amtlichen Statistik auf Gemeindebasis nur spärlich vertreten. Die veröffentlichten Daten umfassen die Anteile nach der Stellung im Beruf und eine Unterscheidung der Inhaber landwirtschaftlicher Betriebe nach betrieblichem und außerbetrieblichem Einkommen. Erhebungen zum Einkommen wären aber auch zur Aufgliederung der nichtlandwirtschaftlich tätigen Selbständigen, der Beamten und Angestellten und Arbeiter sehr hilfreich; diese Daten liegen aber für 1970 nur als 10 % Stichprobe vor (vgl. BOUSTEDT 1970, II, S. 39) und sind daher für die Gemeindetypisierung nicht unmittelbar verwertbar.

Die Gruppe, die hinsichtlich ihres Einflusses auf die Gestaltung des Lebensraumes am breitesten streut, ist die der Selbständigen. Unterschiede bestehen vor allem nach Bildungsstand, Einkommen, Interaktionsfeld (in der Bedeutung nach WIRTH 1979,

Abb. 21

Erwerbstätige nach Wirtschaftsbereichen am Wohn- u. Arbeitsort, einschl. der Pendler, in den Gemeinden der Pfalz 1970 (n=537)

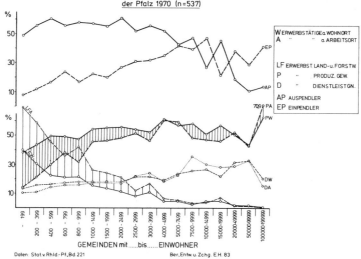

Daten: Stat.v.Rhld.-Pf.,Bd.221   Ber.,Entw.u.Zchg. E.H. 83

Abb. 22

Häufigkeitsverteilung der pfälzischen Gemeinden 1970 nach ihrem Anteil an Erwerbstätigen am Wohn- und Arbeitsort
n = 537

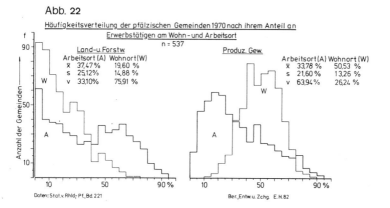

Daten: Stat.v.Rhld.-Pf.,Bd.221   Ber.,Entw.u.Zchg. E.H.82

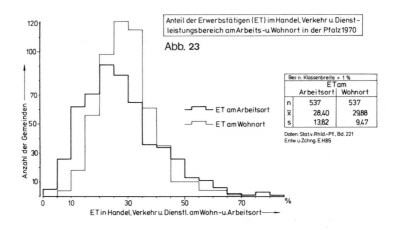

S. 220/221), Kulturbedürfnissen, Wohnungsansprüchen, Wanderungsverhalten und Verbrauchergewohnheiten. In dieser Gruppe sind Personen zusammengefaßt, die Eigentümer, Miteigentümer oder Pächter einer dem Erwerb dienenden Einrichtung sind, also z.B. Landwirte, Ärzte, Künstler, selbständige Handwerker (vgl. Statistik von Rheinland-Pfalz Bd. 221, S. 9). Mithelfende Familienangehörige erhalten weder Lohn noch Gehalt und zahlen keine Sozialversicherungsbeiträge (ibid.).
Dadurch, daß die meisten Selbständigen und mithelfenden Familienangehörigen im landwirtschaftlichen Bereich zu finden sind und die Betriebsinhaber mit Hilfe ihrer Angaben zur selbsteingeschätzten betrieblichen und außerbetrieblichen Einkommen eine zusätzliche Einstufung (Statistik von Rheinland-Pfalz, Bd. 223, S. 240, Ziffer 3) nach Voll-, Neben- und Zuerwerbsbetriebe entsprechend der Definition in den "Grünen Berichten" ermöglichen, kann die Aussageschwäche dieser Gruppe gemildert und für die Typisierung der Erwerbstätigen am Arbeitsort in Agrargemeinden nutzbar gemacht werden. Zur Gruppe der Beamten führt die amtliche Statistik aus (Bd. 221, ibid.), daß sie beim Bund, den Ländern, den Gemeinden und anderen Körperschaften des öffentlichen Rechts beschäftigt sind, während zur Gruppe der Ange-

stellten "alle Gehaltsempfänger im Arbeitnehmerverhältnis" zählen, die in der Mehrzahl im Kaufmännischen, Technischen und in der Verwaltung tätig sind. Die umfangreichste Gruppe ist die der Arbeiter, das sind "alle Lohnempfänger, unabhängig von der Lohnzahlungs- und Lohnabrechnungsperiode", einschließlich der Heimarbeiter, Hausgehilfinnen und in praktischer Berufsausbildung befindlichen Lehrlinge (ibid.). Auch bei diesen Gruppierungen wäre eine Unterteilung in einfachen, mittleren, gehobenen und höheren Dienst bei den Beamten, eine den Verantwortungsbereich charakterisierende Bezeichnung bei den Angestellten und eine Gliederung nach ungelernten, angelernten, gelernten Arbeitern und Facharbeitern von großem Nutzen. Das Fehlen dieser Merkmale für die Gemeinden schmälert die Aussagekraft einer im wesentlichen nach der "Stellung im Beruf" entwickelten Typenbildung, wie sie z.b. 1950 SCHWIND und FINKE vorgestellt haben. Dabei kann einerseits die Vertrautheit mit den örtlichen Verhältnissen Lücken der amtlichen Statistik schließen (so bei SCHWIND), andererseits wiederum reicht die so vergleichsweise geringe Anzahl nach sozialen Merkmalen gut bekannter Gemeinden nicht aus, um statistisch gesicherte Schwellenwerte für die Typenbildung in größeren Räumen abzuleiten. Seitens der amtlichen Statistik hat sich an der Datenlage zur Sozialstruktur wenig geändert, sodaß immer noch gilt, was STEINBERG (1964, S. 76) in "Fragen einer sozialräumlichen Gliederung auf statistischer Grundlage" betont: "Alles in allem zeigt sich, daß die Stellung im Beruf unzureichend ist. In der Verkoppelung mit zusätzlichen Merkmalen liegt der eigentliche Wert einer solchen Untersuchung... der Wert einer solchen Gliederung kann doch nur darin gesehen werden, aus dem Zusammenwirken der Teilstrukturen das individuelle Wirkungsgefüge der Teilräume, ihren Geist und Lebensstil zu erkennen."

5.1. Typisierung der Gemeinden nach Merkmalen der Sozialstruktur

Es ist verständlich, daß es wegen der Datenlage nur wenige Versuche zur Bildung sozialer Gemeindetypen gibt. Eine sehr detaillierte Ausarbeitung mit dem Anspruch einer überregionalen Anwendbarkeit der Typen geht auf FINKE (1950) zurück, der auch den Anteil der selbständigen Berufslosen als soziales Merkmal einbezieht und nach der Stellung im Beruf acht Haupttypen unterscheidet, von denen jeder (außer der Fürsorgegemeinde) in Abhängigkeit vom Anteil der Agrarbevölkerung in drei Stufen unterteilt ist. Insgesamt ergeben sich daraus 22 Zuordnungsmöglichkeiten. Ob die Schwellenwerte dazu intuitiv durch Erfahrung festgelegt oder systematisch aus Häufigkeitsverteilungen ermittelt sind, wird nicht mitgeteilt. Aufgrund der in der amtlichen Statistik vorgegebenen wenigen sozialen Merkmale, die aus den oben genannten Gründen für sich allein unzureichende Indikatoreigenschaften aufweisen, ist jedoch zu berücksichtigen, daß die Zahl der Typen in einem angemessenen Verhältnis zur Aussagefähigkeit der Merkmale steht.

Im vorliegenden Typisierungsversuch nach der Stellung im Beruf werden die Schwellenwerte in der oben beschriebenen Weise aus den Häufigkeitsverteilungen abgeleitet (Abb. 24), in denen Selbständige und mithelfende Familienangehörige (m. F.), ebenso wie Beamte und Angestellte zusammengefaßt dargestellt sind.

In Abhängigkeit von der Gemeindegröße (Abb. 24a) werden, bezogen auf 100 Einwohner, typische Verteilungsformen deutlich: Einem mit steigender Einwohnerzahl zunehmendem Anteil der Beamten und Angestellten steht eine ständige Abnahme der Selbständigen und m. F. gegenüber, während die Arbeiter als umfangreichste Gruppe am stärksten in den Gemeinden mit 1.000 bis 10.000 Einwohnern vertreten sind. Da die Arbeiter überwiegend im produzierenden Gewerbe tätig sind, die Beamten und Angestellten meist im Handel, Verkehr und Dienstleistungsbereich und ein Großteil der Selbständigen und m. F. im Agrarbereich zu finden ist, pausen sich diese Verhältnisse mehr oder weniger stark auch in der Tendenz der Kurve für die ET am Wohnort nach Wirt-

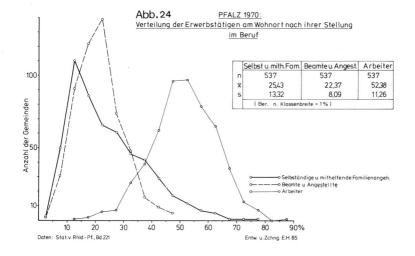

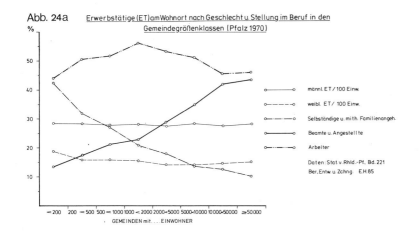

schaftsbereichen (ET a. W. n. WB) und Gemeindegrößen durch, wie durch Abb. 21 bestätigt wird.
Die Häufigkeitsverteilungen nach der Stellung im Beruf zeigen ebenfalls unverkennbar Ähnlichkeiten in der Verteilungsform mit denen der ET a. W. n. WB (vgl. Abb. 22 u. 23 mit 24). So bilden die (linkssteile) Verteilungsform der ET a. W. in der Landwirtschaft (Abb. 22) und die Häufigkeitskurve (mit positiver Schiefe) der Selbständigen und m. F. (Abb. 24) den bestimmenden Einfluß der Landwirte und m. F. für die Zusammensetzung dieser Gruppe ab und zwar in dem Kurvenabschnitt mit steigendem Anteil der Beschäftigten in der Landwirtschaft. Abweichungen treten in den Kurvenabschnitten mit niedrigen Anteilen an Selbständigen und m. F. auf, bedingt durch die heterogene Zusammensetzung der Gruppe. Eine ausgeprägtere Ähnlichkeit ergibt ein Vergleich der Verteilungsform des Arbeiteranteils mit der Kurve der ET a. W. im produzierenden Gewerbe (a.W.); ebenso verhält es sich mit der Gruppe der Beamten und Angestellten im Vergleich mit den ET a. W. i. Handel, Verkehr und Dienstleistungsbereich.
Es liegt daher nahe, auch die Häufigkeitskurven der ET a. W. n. WB bei der Ermittlung der Schwellenwerte für die Typisierung nach sozialen Merkmalen als Korrektiv mitheranzuziehen. Dabei wird die Entscheidung für einen Schwellenwert erleichtert, wenn er sowohl in der Häufigkeitsverteilung nach der Stellung im Beruf als auch in der nach den ET a. W. ausgebildet ist. Das trifft weitgehend für die 25 %-und 40 %-Schwelle bei den Selbständigen und m. F. zu, die 40 %-und 65 %-Schwelle bei den Arbeitern und die 30 %-Schwelle bei den Beamten und Angestellten (bei den ET a. W. entspricht dieser Wert dem arithmetischen Mittel).
Die Bildung der Typen geschieht im wesentlichen wie bei der Altersaufbautypisierung, sodaß auf eine Wiedergabe des Ableitungsschemas verzichtet werden kann. Mit der Bestimmung der Schwellenwerte für die Bauern (L)-, Arbeiter (A)- und Beamten-Angestellten (B)-Gemeinden sind die Ausgangstypen gebildet, die untereinander durch Kombinationen verbunden sind, von der Bauern- über die Bauern-Arbeiter (LA)- zur Arbeiter-Bauern-Gemein-

de (AL), von der Beamten-Angestellten- zur Beamten-Angestellten
-Arbeiter-Gemeinde (BA) und von der Arbeiter- zur Arbeiter-Beamten-Angestellten-Gemeinde (AB).
Insgesamt sind es sieben Typen, die sich nach einigen Versuchen als günstige Anzahl in Bezug auf die Aussagefähigkeit der Daten erwiesen haben und sich zwanglos mit nichtsozialen Merkmalen in Verbindung bringen lassen. Die Begrenzung der Typen durch die Schwellenwert-Linien geht aus der Darstellung in Dreiecks-Koordinaten hervor (Abb. 25), und mit der Projektion der Gemeinden mit Extremwerten der drei Gruppen nach der Stellung im Beruf ist zugleich die Spannweite der Merkmalsausprägung in der Pfalz gegeben.

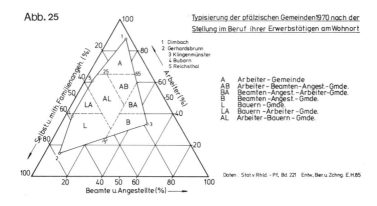

5.2. Räumliche Gemeindetypenverteilung nach den ET am Wohnort und die Verflechtung mit nichtsozialen Merkmalen

Mittelbare Hinweise auf die räumlichen Verteilungsmuster der Typen ergeben sich bereits aus der Häufigkeit, mit der die Beschäftigten nach ihrer Stellung im Beruf in Abhängigkeit von den Einwohnerzahlen der Gemeinden vertreten sind. Zugleich vermitteln die Anteile der drei Gruppen einen Einblick in die Zusammensetzung der ET am Wohnort nach den drei Wirtschaftsbereichen, wie aus der oben erörterten Ähnlichkeit im Kurvenverlauf geschlossen werden kann. Durch die Typisierung werden diese Zusammenhänge nach Maßgabe der Schwellenwerte herausgestellt. Es sind vor allem die Arbeiter-Beamten-Angestellten (AB)- und die Arbeiter-Bauern (AL)-Gemeinden, die in der Pfalz zu gleichen Teilen mit zusammen 54 % am Typenspektrum beteiligt sind; darauf folgen die Beamten-Angestellten-Arbeiter (BA) - und die Arbeiter (A)-Gemeinden mit 15 % bzw. 14 %. Unter den übrigen Gemeindetypen sind die Bauern (L)-Gemeinden zu einem Zehntel vertreten, während die Bauern-Arbeiter (LA)und Beamten-Angestellten (B)-Gemeinden nur mit weniger als 5 % vorkommen.

Nach der Einwohnerzahl aufgegliedert (Tab. 26), zeichnet sich in der prozentualen Verteilung der Gemeindetypen eine deutliche Zäsur ab, die am ausgeprägtesten bei den BA-, AL- und A-Gemeinden sichtbar wird. Die Hälfte aller Gemeinden mit mehr als 2.000 Einwohnern zählen zum BA-Typ, der in den kleineren Gemeinden nur mit 5 % vertreten ist. Umgekehrt dominiert der AL-Typ in den Gemeinden unter 2.000 Einwohnern mit 32 %, dagegen ist ein Anteil in den größeren Gemeinden mit 9 % unbedeutend. Auffällig ist, daß die prozentualen Anteile des AB-Typs sich in den beiden Größenklassen nur unwesentlich unterscheiden. Weitere Beziehungen werden durch die bivariate Häufigkeitstabelle aus diesen Typen dargestellt (Tab. 35). Daraus geht hervor, daß A-Gemeinden in der Mehrzahl einen niedrigeren Altersdurchschnitt aufweisen als die übrigen Typen; allein 43 % gehören dem Altersaufbau-Typ f an und rund 29 % dem Typ e. Dagegen haben L-Gemeinden im allgemeinen einen etwas höheren Altersdurchschnitt, etwa ein Viertel zählen zum Typ c und 14% zum Typ b. Bei den AL-, AB- und BA-Gemeinden ist Typ e am häufigsten vertreten, während fast die Hälfte der B-Gemeinden auf den Typ c entfallen. Stark vereinfacht ausgedrückt bewirkt der A-Anteil eine Verschiebung zum höheren Altersdurchschnitt.

Großräumig betrachtet (Tab. 27) und nach der Häufigkeit in eine

Tab. 26 : Verbreitung der Gemeindetypen in der Pfalz 1970 nach der Stellung der ET am Wohnort in ihrem Beruf in Abhängigkeit von der Gemeindegröße.

Gemeinde-größen-klasse	Gemeindetypen n. d. Stellung d. ET a. Wohnort i. ihrem Beruf														
	abs.						i. v. H.								
	A	AB	BA	B	L	LA	AL	A	AB	BA	B	L	LA	AL	n
<200	2	3	1	-	12	2	8	7.1	10.7	3.6	-	42.9	7.1	28.6	28
200 <500	18	25	4	-	20	16	49	13.6	18.9	3.0	-	15.2	12.1	37.1	132
500 <1000	25	48	8	2	19	2	54	15.8	30.4	5.0	1.3	12.0	1.3	34.2	158
1000 <2000	25	36	10	1	6	2	22	24.5	35.3	9.8	1.0	5.9	2.0	21.5	102
2000 <5000	5	30	30	3	-	-	11	6.3	38.0	38.0	3.8	-	-	13.9	79
5000<10000	2	3	19	2	-	-	-	7.7	11.5	73.1	7.7	-	-	-	26
10000<50000	-	-	6	2	-	-	-	-	-	75.0	25.0	-	-	-	8
≥50000	-	-	3	1	-	-	-	-	-	75.0	25.0	-	-	-	4
<2000	70	112	23	3	57	22	133	16.7	26.7	5.4	0.7	13.6	5.2	31.7	420
≥2000	7	33	58	8	-	-	11	6.0	28.2	49.6	6.8	-	-	9.4	117
Pfalz	77	145	81	11	57	22	144	14.3	27.0	15.1	2.0	10.6	4.1	26.8	537

Errechnet n. Stat. v. Rhld.-Pf.,Bd.221

A Arbeiter-Gmde., AB Arbeiter-Beamten-Angest.-Gmde., BA Beamten-Angest.-Arbeiter-Gmde., B Beamten-Angest.-Gmde., L Bauern-Gmde., LA Bauern-Arbeiter-Gmde., AL Arbeiter-Bauern-Gmde.;

Tab. 27: Verbreitung der Gemeindetypen nach den ET am Wohnort in ihrer Stellung im Beruf unter den kreisfreien Städten, in den Landkreisen und Regionen der Pfalz 1970.

Gebiets-einheit	Gemeindetypen n.d.ET a. Wohnort in ihrer Stellung i. Beruf															
	abs.							i.v.H.								
	A	AB	BA	B	L	LA	AL	A	AB	BA	B	L	LA	AL	n
Kreisfr.Städte	-	-	6	2	-	-	-	-	-	75.0	25.0	-	-	-	8
L.Bad Dürkh.	3	9	9	3	3	-	23	6.0	18.0	18.0	6.0	6.0	-	46.0	50
Donnersbergkrs.	2	20	7	1	9	6	40	2.3	23.5	8.2	1.2	10.6	7.1	47.1	85
L.Germersheim	-	15	5	-	4	2	10	-	41.7	13.9	-	11.1	5.5	27.8	36
L.Kaisersl.	7	18	17	-	2	-	5	14.3	36.7	34.7	-	4.1	-	10.2	49
L. Kusel	21	36	4	1	7	9	28	19.8	34.0	3.8	0.9	6.6	8.5	26.4	106
L.Landau-Bgz.	9	16	6	4	25	3	21	10.7	19.0	7.1	4.8	29.8	3.6	25.0	84
L.Ludwigsh.	-	3	20	-	-	-	3	-	11.5	76.9	-	-	-	11.5	26
L.Pirmasens	31	17	5	-	-	-	5	52.4	29.3	8.6	-	-	-	8.6	58
L.Zweibr.	4	11	2	-	7	2	9	11.4	31.4	5.7	-	20.0	5.7	25.7	35
Regionen 1967/76															537
Vorderpfalz	3	12	32	4	3	-	26	3.7	15.0	40.0	5.0	3.7	-	32.5	80
Südpfalz	9	31	11	5	29	5	31	7.4	25.6	9.1	4.1	24.0	4.1	25.6	121
Westpfalz	65	102	38	2	25	17	87	19.3	30.4	11.3	0.6	7.4	5.1	25.9	336
Pfalz	77	145	81	11	57	22	144	14.3	27.0	15.1	2.0	10.6	4.1	26.8	537

Errechnet n. Stat. v. Rhld.-Pf., Bd. 221; Erl.d. Abkürzungen f.d. Typen s. Tab. 26

Rangordnung gestellt, wird die Typenverteilung in der Vorderpfalz von den BA- und AL-Gemeinden bestimmt, wobei der mit dem Landkreis Ludwigshafen einschließlich der kreisfreien Städte zum Großteil abgedeckte industrielle Kernraum zu etwa vier Fünftel BA-Gemeinden enthält, während im benachbarten Landkreis Bad Dürkheim fast die Hälfte der Gemeinden dem AL-Typ angehören.
Die Typenverteilung in der Südpfalz weicht davon stark ab. In diesem, besonders im Landkreis Landau-Bad Bergzabern mehr von der Landwirtschaft geprägten Raum, stellen die L-Gemeinden den in der Pfalz größten Anteil; mit den AL- und AB-Gemeinden setzen sie zu fast gleichen Teilen 75 % des Typenspektrums zusammen. In der Westpfalz dominieren mit 30 % die AB-Gemeinden, sie erreichen in dieser Region ihr häufigstes Vorkommen in der Pfalz und stellen mit den AL-Gemeinden rund 56 % der Typenverteilung. Außerdem weist die Region im Vergleich zu den beiden anderen den höchsten Anteil an A-Gemeinden auf. Zusammengefaßt lautet die Typenkombination nach der Rangordnung der drei häufigsten Typen für die Vorderpfalz BA/AL/AB, für die Südpfalz AB/AL/L (AB und AL haben gleiche Häufigkeit) und für die Westpfalz, auch für die Pfalz geltend, AB/AL/A.
Gegenüber dieser generalisierenden Kennzeichnung vermittelt die räumliche Verteilung der Gemeindetypen unter der Berücksichtigung der ET am Wohnort (Abb. 26) im Vergleich mit den Karten zur Bevölkerungsentwicklung (Abb. 1a, 2), zum Altersaufbau (Abb. 19) und zur natur- und wirtschaftsräumlichen Gliederung (s. DÖRRER 1981, S. 19) beziehungsreiche Einblicke in die Verteilungsmuster.
Ein Vergleich mit der Bevölkerungsentwicklung 1939/70 zeigt, daß die Verteilung der BA-Typen weitgehend der Verbreitung der Gemeinden mit meist mehr als 40 % Bevölkerungszunahme entspricht. Es sind oft die Gemeinden, die nicht nur durch Zuwanderung aus dem ländlichen Raum gewachsen sind, sondern auch von der Abwanderung aus Räumen hoher Bevölkerungsdichte profitieren. Neben ihrem Verbreitungsschwerpunkt in der Vorderpfalz kommen sie vergleichsweise häufig im Bereich zwischen Kaisers-

lautern und Homburg vor und markieren auch in der Südpfalz den Raum Kandel-Wörth. Ihr zahlreiches Auftreten ist in den meisten Fällen an industrielle Kernräume und ihre Randgebiete gebunden. Der relativ hohe Beamten-Angestellten-Anteil, wie er in der Typenbezeichnung zum Ausdruck kommt, unterstreicht den mit dem produzierenden Gewerbe sich mitentwickelnden tertiären Bereich mit versorgender Funktion im weitesten Sinn, entsprechend dem "Gesetz vom doppelten Stellenwert" nach IPSEN.

Der B-Typ, bei dem der Arbeiteranteil unter 40 % liegt, ist nur in 11 Gemeinden vertreten, von denen neun am Ostrand des Pfälzerwaldes zu finden sind. Ihre Verteilung erklärt sich zum Teil aus ihrer Lagegunst in schöner landschaftlicher Umgebung, verbunden mit klimatischen Vorteilen, abseits von den Verdichtungszonen und trotzdem annehmbarer Verkehrsanbindung, was sie für Personengruppen hoher und höchster Einkommensstufen attraktiv erscheinen läßt; teils aus ihrer Funktion als Heilbad, Erholungs- oder Fremdenverkehrsort und / oder daraus, daß eine Gemeinde als Sitz höherer Verwaltungsbehörden auch einen Besatz an Beamten und Angestellten hat. Zum Beispiel treffen die drei Punkte für Neustadt a.d.W. zu; die Gemeinde ist Sitz der Bezirksregierung, Erholungsort und attraktiver Wohnort. Für Klingenmünster kommt zu der Einstufung als Erholungsort noch hinzu, daß hier die Landesnervenklinik eingerichtet ist. Ein weiteres Beispiel ist Kusel; diese Gemeinde ist Sitz der Kreis- und Verbandsgemeindeverwaltung und Bundeswehrstandort, außerdem ist sie Fremdenverkehrsort. Der höhere Anteil an Beamten und Angestellten (45 %) wird auch z.T. dadurch bewirkt, daß diese Stadt in einer Region mit geringer Dichte an zentralen Orten liegt.

Dem A-Typ angehörende Gemeinden sind hauptsächlich in der Region Westpfalz verbreitet und sind hier im Landkreis Pirmasens mit einem Anteil von 53 % am häufigsten. Unter den übrigen Landkreisen herausragend, ist auch ihr Vorkommen im Landkreis Kusel mit 20 %. In der Vorderpfalz ist dieser Gemeindetyp nur westlich Neustadt durch Elmstein, Esthal und Neidenfels vertreten, in der Südpfalz tritt er nur im Westteil des Landkreises

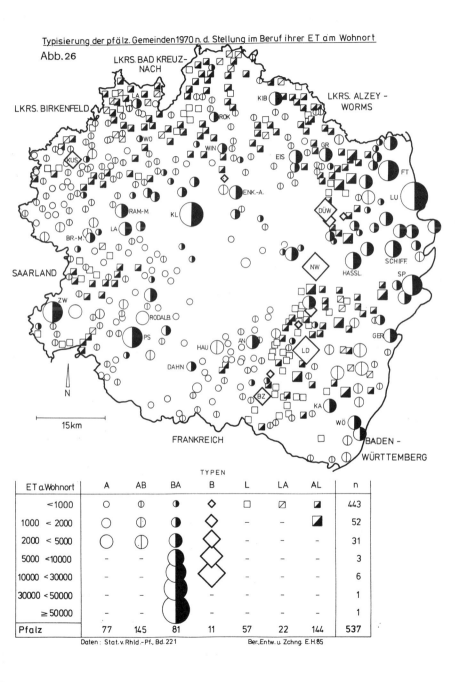

Landau-Bad Bergzabern auf, meist ist er mit Gemeinden vom AB-Typ vergesellschaftet. Das Verbreitungsgebiet beider Typen kennzeichnet Räume mit vorwiegend gewerblich-industrieller Struktur, wobei im Raum Pirmasens und Dahn die Schuhindustrie mit den Zulieferindustrien einen wesentlichen Einfluß auf die Typenverbreitung ausübt (vgl. auch BENDER 1979, S. 121-128).
Zunehmender Anteil an Selbständigen und m. F. zwischen 25 % und 40 % und einem hohen Arbeiteranteil zwischen 30 % und 65 % kennzeichnen die AL-Gemeinden, die am häufigsten im Landkreis Bad Dürkheim und im Donnersbergkreis vorkommen (jeweils fast die Hälfte aller Gemeinden im Landkreis). Von geringerer Bedeutung sind die LA-Gemeinden mit mehr als 40 % Selbständigen und m. F. und über 40 % Arbeiter; sie sind nur im Landkreis Kusel etwas häufiger vertreten. Sie leiten über zu den L-Gemeinden mit mehr als 40 % Selbständigen und m. F., aber weniger als 40% Arbeiter-Anteil. L-, LA- und AL-Typen sind hauptsächlich im Rotliegend-Hügelland um Rockenhausen, im Südwestteil des Alzeyer Hügellandes östlich von Kirchheimbolanden, auf der Sickinger Höhe, am Haardtrand und im Vorderpfälzer Tiefland verbreitet.
Das Verteilungsmuster der AL- und LA-Gemeinden folgt vielfach dem Verlauf der Täler und naturräumlichen Grenzen, die verkehrsgeographisch bedeutsam sind und eine günstige Erreichbarkeit der z.T. nicht mehr auf pfälzischem Gebiet liegenden Einpendelzentren ermöglichen. In der Nordpfalz z.B. sind es (von Westen nach Osten) vor allem das Tal der Lauter, der Alsenz, das Appelbachtal, die Langmeiler Senke und das obere Pfrimmtal.
In der Vorderpfalz dagegen wird ein anderes Verteilungsmuster im Einflußbereich der industriellen Kernzone sichtbar; hier säumen die AL-Gemeinden die Gemeinden vom BA-Typ, gut ausgebildet im Dreieck Bobenheim-Roxheim-Grünstadt-Bad Dürkheim. Schon zur Südpfalz gehörig, schließt sich südlich davon zwischen Neustadt, Speyer und Landau eine Zone häufigeren Vorkommens von AL-Gemeinden an.
Eine weitergehende Interpretation der Verteilungsmuster wird

Abb. 27 Typisierung der pfälzischen Gemeinden 1970 nach der Zugehörigkeit der Erwerbstätigen am Arbeitsort zu den Wirtschaftsbereichen

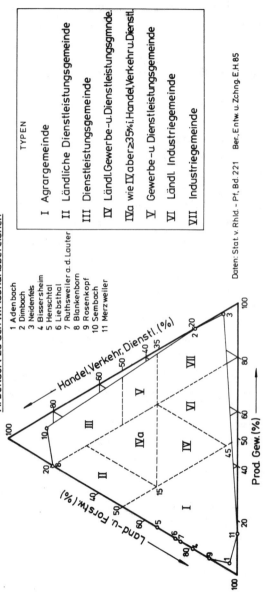

Daten: Stat. v. Rhld.-Pf., Bd. 221 Ber., Entw. u. Zchng. E.H. 85

durch die Typisierung der Erwerbstätigen am Arbeitsort nach Wirtschaftsbereichen ermöglicht und vor allem durch die Pendlerverflechtung, dargestellt anhand der Typologie von FEHRE.

5.3 Zur Typisierung der Erwerbstätigen am Arbeitsort und der Berufspendler

Im Grundsatz wird bei der Typenbildung ebenso verfahren wie bei den vorangegangenen Versuchen. Die Typenabgrenzung stützt sich auf die Schwellenwerte, die aus den Abbildungen 22 und 23 ableitbar sind. Aus der Darstellung in Dreieckskoordinaten durch Schwellenwertlinien mit den, die Extremwerte der Komponenten (Erwerbstätige in der Landwirtschaft, produzierenden Gewerbe und Handel, Verkehr und Dienstleistungen) abbildenden Gemeinden, sind auch die Typenbezeichnungen zu ersehen (Abb. 27). Insgesamt werden acht Gemeindetypen unterschieden, wobei sich beim Typ "Ländliche Gewerbe- und Dienstleistungsgemeinde" eine Zweiteilung durch die Ausscheidung von Gemeinden mit 35 % und mehr Erwerbstätigenanteil im Bereich Handel, Verkehr und Dienstleistungen als notwendig erweist. Die räumliche Verteilung der Gemeindetypen liegt in Abb. 28 vor.

Ebenso wird, unter Ausnutzung der Erhebungen zum betrieblichen und außerbetrieblichen Einkommen der Landwirte eine Unterscheidung der Agrargemeinden in sechs Untertypen ermöglicht. Da diese Angaben in der Statistik auf der Selbsteinschätzung der Betriebsinhaber beruht, können sie als authentischer Beleg für den Stellenwert gelten, den sie ihrer Erwerbstätigkeit beimessen. Die Angaben reichen aus, um aus den Anteilen an Voll-, Zu- und Nebenerwerbsbetrieben die Untertypen zu bilden. Dabei richten sich die Bezeichnungen nach der Beschreibung in den "Grünen Berichten", abgedruckt in BOUSTEDT (1975, S. 251). Schwellenwerte dazu sind aus den entsprechenden Häufigkeitsverteilungen abgeleitet, die nicht abgebildet sind.

Als additive Komponente tritt zu den Agrargemeinde-Typen die mit Hilfe der Wägezahlen ermittelten höchsten Anbaugewichte der Kulturpflanzengruppen (nach ANDREAE 1973, S. 61f.), ergänzt

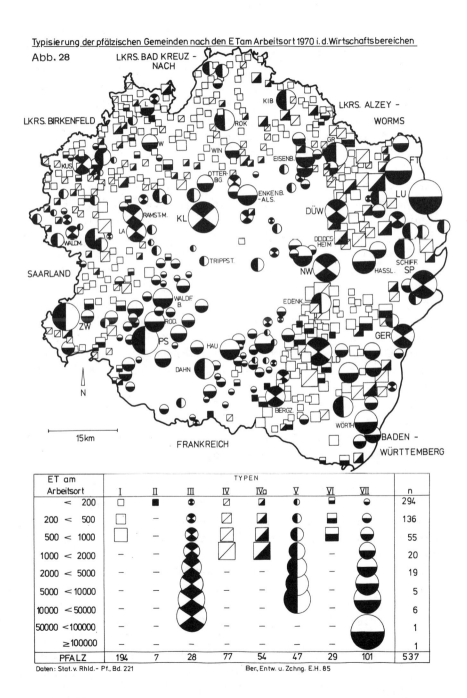

durch die Kulturpflanzengruppe mit höchstem Anteil an der landwirtschaftlich genutzten Fläche (LF).
Damit ist einerseits Einblick in die Physiognomie der LF gegeben und andererseits geht durch das Verfahren von ANDREAE der Handarbeitsaufwand über die Wägezahlen mit in die Charakterisierung der Bodennutzung ein. Weil es insgesamt nach den Erwerbstätigen am Arbeitsort betrachtet, 194 Agrargemeinden in der Pfalz gibt (Auspendlergemeinden!), wird ihre räumliche Verteilung auf gesonderten Karten wiedergegeben (Abb. 29-32).
Auf die Doppelgesichtigkeit der meisten pfälzischen Gemeinden, je nachdem sie hinsichtlich ihrer Zusammensetzung der Erwerbstätigen am Wohn- oder am Arbeitsort charakterisiert werden, wurde schon hingewiesen. Dabei stellt die Typisierung nach Berufspendleranteilen ein notwendiges Bindeglied zum Verständnis der beiden Erscheinungsformen solcher Gemeinden dar.
Auch im Hinblick auf den Umfang der Wohnbevölkerung treten Veränderungen ein: Mit dem Grundtyp der Auspendlergemeinde ist ein zeitweiliger Rückgang der Wohnbevölkerung in der als Arbeitsort betrachteten Gemeinde zu verzeichnen, mit dem der Einpendlergemeinde eine Zunahme der Arbeitsortbevölkerung, bei einer Wechselpendlergemeinde ist die Bevölkerungszahl der Gemeinde als Arbeitsort im Vergleich zu der als Wohnort entweder nahezu ausgeglichen oder variiert in den Grenzen des Definitionsbereichs dieses Typs. Außerdem bewirkt das Berufspendlertum auch mehr oder weniger stark zeitweilige Veränderungen in der Geschlechterverteilung und im Altersaufbau, zu denen geschlechtsspezifische Industrien beitragen können.
Um die Berufspendler übersichtlich zu erfassen, wird auf das Typenschema zurückgegriffen, das FEHRE 1965 (S. 213) mit Hilfe vorgegebener Sinnschwellen entwickelt hat. Es hat den Vorteil des einfachen Aufbaus und der eingängigen kartographischen Darstellbarkeit.
Er unterscheidet zunächst die Wohn-Arbeits-Gemeinden, bei denen beide Pendleranteile unter 25 % liegen, sodaß der Wohnort zugleich auch als Arbeitsort aufgefaßt werden kann. Überschreiten die Pendleranteile nicht die 50 %-Schwelle, dann zählen Aus-,

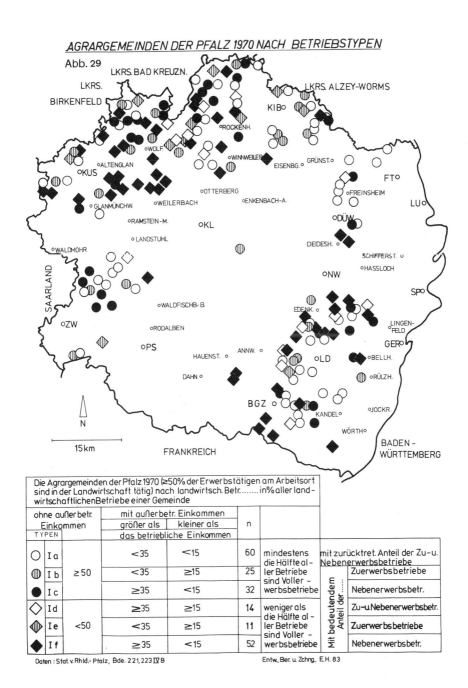

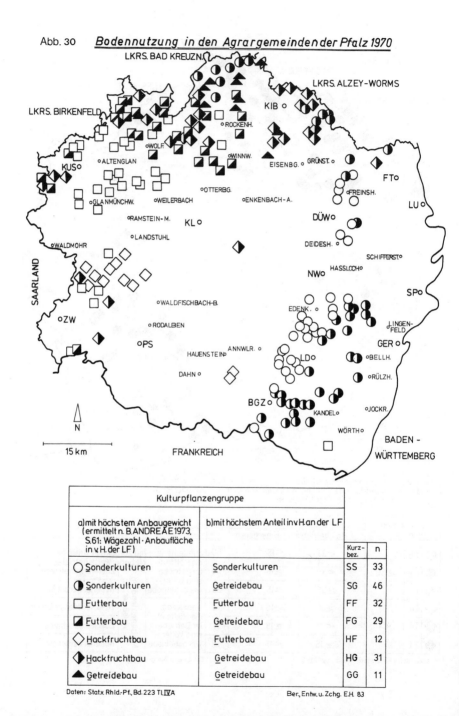

Abb. 30 Bodennutzung in den Agrargemeinden der Pfalz 1970

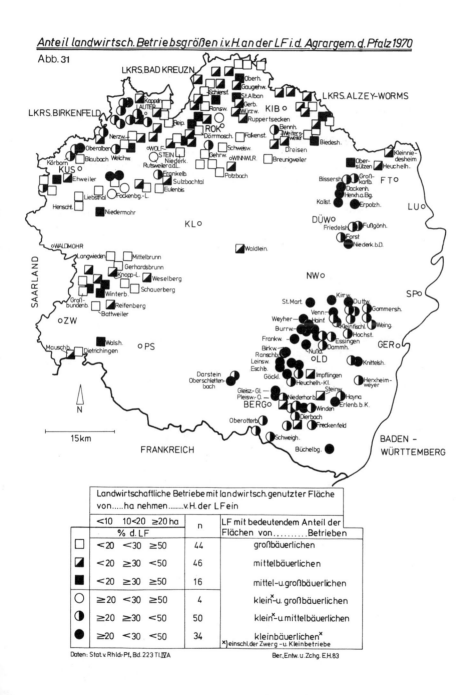

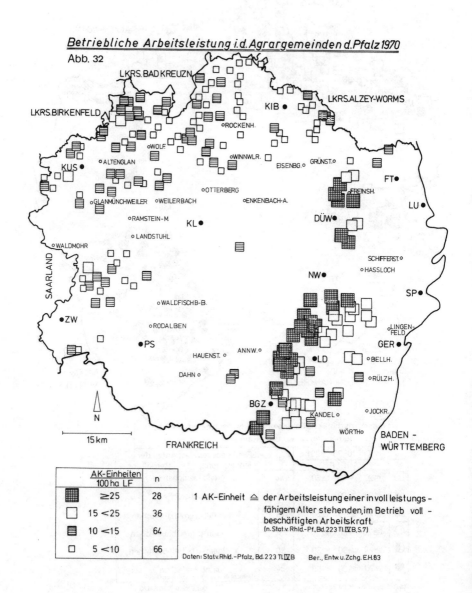

Wechsel- und Einpendler-Gemeinden zur Gruppe der Wohn-Pendler-Gemeinden; gibt es dagegen von beiden oder von einem Pendleranteil mehr als 50 %, dann gehören diese Gemeinden zur Gruppe der ausgesprochenen Pendlergemeinden. Insgesamt werden sieben Typen unterschieden (siehe Schema im Anhang). Diese Sinnschwellen sind durchaus mit den Häufigkeitsverhältnissen der Berufsein- und auspendler in den pfälzischen Gemeinden zu vereinbaren (Abb. 33).

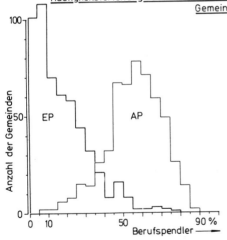

Abb. 33
Häufigkeitsverteilung der Berufsaus (AP) u. - einpendler (EP) in den pfälzischen Gemeinden 1970

	AP	EP
	n = 537	n = 537
	x̄ = 55,8	x̄ = 17,7
	s = 14,6	s = 14,3
	v = 26,2 %	v = 80,8 %

Daten: Stat.v. Rhld-Pf, Bd. 221
Ber.,Entw. u. Zchg. E.H.82

Um die Brauchbarkeit der Typisierung zu erhöhen, muß ihr Aussagewert im Hinblick auf eine praktikable kartographische Wiedergabe durch die Einbeziehung der absoluten Pendleranteile und durch Angaben zur Pendlerverflechtung gesteigert werden. Das wird für die absolute Pendlerzahl dadurch bewirkt, daß mit der Signaturengröße eine Zuordnung des bestimmenden Pendleranteils zu einer Größenklasse gegeben ist. Die Pendlerverflechtung durch Wertlinien darzustellen, innerhalb derer sich z.B. mindestens 50 % der Auspendler mit dem zugehörigen Einpendlerzentrum befinden, wird verworfen, weil zahlreiche Überschneidungen eine befriedigende Kartierung nicht zulassen. Stattdesssen wird in die Signatur die Abkürzung für die Einpendlergemeinde eingetragen. Es können auch, je nach dem Umfang der Pendlerströme, zwei oder drei Einpendlergemeinden berücksichtigt werden. Unterschieden durch Strichdicke oder Größe der Buchstaben ist außerdem die Rangordnung der größeren Pendlerströme abzulesen, z.B. können die Pendler nach X mit mehr als 50 % dominieren oder zwar am zahlreichsten vertreten sein, aber weniger als 50% aller Auspendler umfassen. Auf diese Weise wird die Übersichtlichkeit erhalten, ohne auf örtliche Besonderheiten der umfangreicheren Pendlerströme verzichten zu müssen.

5.4 Räumliche Gemeindetypenverteilung nach dem Arbeitsort, Wohnort und den Pendleranteilen

Die hohe Pendelaktivität deutet bereits die z.T. erheblichen Unterschiede in der Zusammensetzung der Erwerbstätigen am Wohnort gegenüber der am Arbeitsort an, wie aus der bivariaten Häufigkeitstabelle (Tab. 33) ersichtlich wird. Daraus geht hervor, daß die L-, LA- und AL-Gemeinden ohne die Auspendler bei weitem am häufigsten als Agrargemeinden (Typ I) in Erscheinung treten. Unter den AL-Gemeinden sind auch rund ein Viertel, die als Arbeitsort zu den Gewerbe- und Dienstleistungsgemeinden zählen (siehe Anhang). Von den A-Gemeinden gehört die Hälfte an Werktagen zum Typ der Industriegemeinde (Typ VII), unter den übrigen sind Typ V und IVa noch am bedeutendsten. Beide Typen sind prozentual in der Vorderpfalz, besonders im Landkreis Ludwigshafen, stärker verbreitet als in der Süd- und Westpfalz. Die AB-Gemeinden sind als Arbeitsort unter den Industriegemeinden nur zu einem Viertel vertreten und tendieren zu Typ IV und IVa, während BA-Gemeinden außer unter den Industriegemeinden auch unter den Gewerbe- und Dienstleistungsgemeinden (Typ V) zu finden sind. Die meisten Gemeinden dieses Typs sind nach den Erwerbstätigen am Wohnort BA-Gemeinden. Von den nur in geringer Anzahl vorkommenden B-Gemeinden sind die meisten als Arbeitsort unter die Dienstleistungsgemeinden (Typ III) einzureihen (siehe auch Tab. 28 und 29).

Die Anordnung der Gemeindetypen nach den Erwerbstätigen am Arbeitsort in ihrer räumlichen Verteilung ergibt ein klares Bild (Abb. 28), aus dem eine Einsicht in die wirtschaftsräumliche Gliederung möglich wird. Die traditionell landwirtschaftlich geprägten Räume im östlichen Glan-Alsenz-Berg- und Hügelland und im Zweibrücker Westrich, die intensiv landwirtschaftlich genutzten Räume am Ostabfall des Pfälzerwaldes, des Vorderpfälzer Tieflandes und des südwestlichen Teils des Alzeyer Hügellandes heben sich deutlich gegenüber den industrialisierten Räumen und Gebieten mit Vermischung der Gemeindetypen ab. So ist der industrielle Kernraum der Vorderpfalz durch relativ wenige Industriegemeinden (VII) mit einer hohen Anzahl Erwerbstätiger gekennzeichnet, umsäumt von Gewerbe- und Dienstleistungsgemeinden (V), ländlichen Gewerbe- und Dienstleistungsgemeinden (IVa und IV) und schließlich von den Agrargemeinden (I) am Haardtrand und der Vorhügelzone; eingestreut sind Dienstleistungsgemeinden (III). Im Raum Kaiserslautern und in der Kaiserslauterer Senke kommen mehr Gemeinden des Typs III und V vor; nach Norden und Nordwesten sind Übergänge in den gewerblich-landwirtschaftlichen Mischbereich um Kusel, Wolfstein und Lauterecken ausgebildet. Das Gebiet ist von Gemeinden des Typs I, IV und VI (ländliche Industriegemeinde) geprägt mit im Raum Kusel und südwestlich davon hervortretenden Gemeinden des Typs III, V und IVa. Auffällig hebt sich der Raum um Pirmasens und

Tab. 28 : Gemeindetypen der Pfalz 1970 nach den ET am Arbeitsort und ihrer Zugehörigkeit zu den Wirtschaftsbereichen, geordnet nach Größenklassen der ET.

Größenklasse der ET		I	II	III	IV	IVa	V	VI	VII	n
<200	abs.	158	7	6	46	30	10	15	22	294
	%	52.7	2.4	2.0	15.7	10.2	3.4	5.1	7.5	(100)
200 <500	abs.	35	–	7	21	18	13	10	32	136
	%	25.7	–	5.2	15.4	13.2	9.6	7.4	23.5	(100)
500 <1000	abs.	1	–	4	8	5	11	4	22	55
	%	1.8	–	7.3	14.5	9.1	20.0	7.3	40.0	(100)
1000 <2000	abs.	–	–	1	2	1	3	–	13	20
	%	–	–	5.0	10.0	5.0	15.0	–	65.0	(100)
2000 <5000	abs.	–	–	4	–	–	7	–	8	19
	%	–	–	21.1	–	–	36.8	–	42.1	(100)
≥5000	abs.	–	–	6	–	–	3	–	4	13
	%	–	–	46.1	–	–	23.1	–	30.8	(100)
Pfalz	abs.	194	7	28	77	54	47	29	101	537
	%	36.1	1.3	5.2	14.3	10.1	8.8	5.4	18.8	(100)
<2000	abs.	194	7	18	77	54	37	29	89	505
	%	38.4	1.4	3.6	15.3	10.7	7.3	5.7	17.6	(100)
≥2000	abs.	–	–	10	–	–	10	–	12	32
	%	–	–	31.25	–	–	31.25	–	37.5	(100)

Errechnet n. Stat. v. Rhld. – Pf., Bd. 221

I Agrargmde., II Ländliche Dienstleistungsgmde., III Dienstleistungsgmde., IV Ländliche Gewerbe-u. Dienstleistungsgmde., IVa wie IV, aber ≥35% ET i. Handel, Verkehr u. Dienstleistungsbereich, V Gewerbe- u. Dienstleistungsgmde., VI Ländliche Industriegmde., VII Industriegmde.;

Tab. 29: Verbreitung der pfälzischen Gemeindetypen nach den ET am Arbeitsort in den Landkreisen, Regionen und unter den kreisfreien Städten 1970. Errechnet n. Stat.v.Rhld.-Pf., Bd.221.

Gebietseinheit		I	II	III	IV	Gemeindetypen IVa	V	VI	VII	n
Krsfr.Städte	abs.	–	–	4	–	–	2	–	2	8
	%	–	–	50.0	–	–	25.0	–	25.0	(100)
L.Bad Dürkh.	abs.	12	1	3	15	5	4	1	9	50
	%	24.0	2.0	6.0	30.0	10.0	8.0	2.0	18.0	(100)
Dbgkrs.	abs.	49	–	1	13	11	5	1	5	85
	%	57.6	–	1.2	15.3	12.9	5.9	1.2	5.9	(100)
L.Germersh.	abs.	11	–	2	5	4	2	4	8	36
	%	30.5	–	5.6	13.9	11.1	5.6	11.1	22.2	(100)
L.Kaisersl.	abs.	13	–	6	6	6	9	3	6	49
	%	26.5	–	12.2	12.2	12.2	18.4	6.1	12.2	(99.8)
L.Kusel	abs.	44	1	4	17	15	11	6	8	106
	%	41.5	0.9	3.8	16.0	14.2	10.4	5.7	7.5	(100)
L.Landau-Bgz.	abs.	45	4	5	5	2	5	7	11	84
	%	53.6	4.8	5.9	5.9	2.4	5.9	8.3	13.1	(99.9)
L.Ludwigsh.	abs.	2	–	2	5	7	6	–	4	26
	%	7.7	–	7.7	19.2	26.9	23.1	–	15.4	(100)
L.Pirmasens	abs.	4	1	1	3	1	2	3	43	58
	%	6.9	1.7	1.7	5.2	1.7	3.4	5.2	74.1	(99.9)
L.Zweibrücken	abs.	14	–	–	8	3	1	4	5	35
	%	40.0	–	–	22.9	8.6	2.8	11.4	14.3	(100)
Vorderpfalz	abs.	14	1	7	20	12	10	1	15	80
	%	17.5	1.2	8.8	25.0	15.0	12.5	1.2	18.8	(100)
Südpfalz	abs.	56	4	8	10	6	7	11	19	121
	%	46.3	3.3	6.6	8.3	4.9	5.8	9.1	15.7	(100)
Westpfalz	abs.	124	2	13	47	36	30	17	67	336
	%	36.9	0.6	3.9	14.0	10.7	8.9	5.1	19.9	(100)

Erl.d.Ziffern f.d.Typen s. Tab.28

Dahn und Hauenstein ab, in dem Industriegemeinden, vertreten in Erwerbstätigen-Größenklassen bis unter 10.000, dominieren. Ebenso deutlich werden westlich Neustadt und Landau durch die Industrie- und Gewerbe- und Dienstleistungsgemeinden der Verlauf des Speyerbach- und Queichtals nachgezeichnet.
Die bei der Typisierung der Erwerbstätigen am Wohnort nach ihrer Stellung im Beruf beschriebene Verbreitung der L-, LA- und AL-Gemeinden in Räumen mit geringem Industrialisierungsgrad weist unmittelbar auf die Bedeutung der Auspendler hin. Das führt dazu, daß die meisten dieser Gemeinden bei einer Typisierung nach den Erwerbstätigen am Arbeitsort als Agrargemeinden (Typ I = mehr als 50 % der Erwerbstätigen sind in der Landwirtschaft tätig) in Erscheinung treten. Mit einem Anteil von 36 % sind sie in der Typenverteilung für die gesamte Pfalz am häufigsten, ebenso stellen sie den höchsten Anteil in der Süd- und Westpfalz. Unterschiedliche physisch-geographische Produktionsbedingungen und die Variationsbreite der sozialökonomischen Struktur erfordern eine weitere Untergliederung und eine eingehende Behandlung der Agrargemeinden.
Wie aus Abb. 29 ersichtlich ist, weisen von 194 Agrargemeinden 117 noch eine gut ausgeprägte Vollerwerbsstruktur auf (Typen Ia-c), d.h., in den meisten der Betriebe ist die hauptberuflich mit der ganzen Familie geleistete Arbeit die alleinige Quelle der Existenzsicherung. Das trifft vornehmlich auf die Gemeinden vom Typ Ia zu; bei Typ Ib gewinnt der Zuerwerb, bei Typ Ic der Nebenerwerb etwas mehr an Bedeutung. Mit Zuerwerb wird im Sinne der "Grünen Berichte" eine hauptberufliche Bewirtschaftung verstanden, doch wird der Lebensunterhalt nicht allein aus der betrieblichen Arbeitsleistung gedeckt. Ein außerbetriebliches Einkommen, das kleiner als das betriebliche ist, wird notwendig. Liegt dagegen das außerbetriebliche Einkommen über dem betrieblichen, sodaß man von einer Art Zuerwerb aus landwirtschaftlicher Tätigkeit sprechen könnte, wird der Betrieb als Nebenerwerbsbetrieb eingestuft. Das stellt angesichts der vielfältigen Erscheinungsweisen der Nebenerwerbslandwirtschaft eine starke Vereinfachung dar, die -soll die Typisierung übersicht-

lich sein- in Kauf genommen werden muß.
Eine geschlossene Verbreitung der Typen Ia-c findet man vor allem im Bereich der Sickinger Höhe, wo auf Böden des Oberen Buntsandsteins und Unteren Muschelkalkes (EMZ 41-51 nach der Bodengütekarte 1 : 1 Mill.) der Hackfruchtbau das höchste Anbaugewicht hat und der Futterbau den höchsten Anteil an der LF bildet (Abb. 30). Bestimmend ist die LF von mittel- und großbäuerlichen Betrieben (Abb. 31) mit einer überwiegend betrieblichen Arbeitsleistung von 10 -15 Ak-Einheiten/100 ha LF (Abb. 32).
Ein weiteres Verbreitungsgebiet ist das südliche Vorderpfälzer Tiefland und der Haardtrand, das durch Klimagunst und Böden mit z.T. sehr hoher EMZ für Sonderkulturen geeignet ist. Während das höchste Anbaugewicht bei den Sonderkulturen liegt, nimmt der Getreidebau im Vorderpfälzer Tiefland die größte Fläche ein, am Haardtrand ist es wiederum der Weinbau. Durch die Sonderkulturen bedingt, weist dieses Gebiet im Vergleich mit den Agrargemeinden der gesamten Pfalz die höchsten Werte betrieblicher Arbeitsleistung auf. Am Haardtrand liegt sie höher als 25 und im Vorderpfälzer Tiefland zwischen 15 und 25 Ak/Einheiten/100 ha LF bei bedeutendem Anteil kleinbäuerlicher bzw. klein- und mittelbäuerlicher Betriebe.
Ebenso günstig sind die Voraussetzungen im südöstlichen Donnersbergkreis, wo auf Böden des Oberrotliegenden (Rötelschiefer), des Tertiärs und auf Löß der Hackfruchtbau das höchste Anbaugewicht und der Getreidebau (Braugerste) den höchsten Prozentsatz der LF aufweist. Im mittleren Pfrimmtal kommen vereinzelt Gemeinden hinzu, bei denen der Weinbau Bedeutung gewinnt. Die betriebliche Arbeitsleistung liegt überwiegend bei 5 - 10 Ak-Einheiten/100 ha LF.
Zwischen dem Tal der Alsenz und der Lauter liegt ein weiteres Verbreitungsgebiet der Agrargemeinden vom Typ Ia-c. Neben einigen Gemeinden im Raum Alsenz-Obermoschel mit der Kulturpflanzen-Kombination SG gibt es im Appelbachtal und nordwestlich Rockenkausen Gemeinden mit der nur im Donnersbergkreis auftretenden Kombination GG. Bei den übrigen Agrargemeinden ist die

Bodennutzung durch Futter- und Hackfruchtbau mit höchstem Anbaugewicht, immer kombiniert mit Getreidebau, gekennzeichnet (FG und HG). Entsprechend niedrig errechnet sich die betriebliche Arbeitsleistung, die 15 Ak-Einheiten/100 ha LF nicht übersteigt, was mit wenigen Ausnahmen für die Agrargemeinden der ganzen Nordpfalz gilt.
Eine Überprüfung der Abhängigkeit der Ak-Einheiten/100 ha LF von den Kulturpflanzengruppen ergibt klare Zusammenhänge, die die Brauchbarkeit der Wägezahlen nach ANDREAE unterstreichen: Gemeinden mit Sonderkulturen liegen weitaus am häufigsten über 15, solche mit Futterbau am häufigsten zwischen 10 und 15, mit Hackfrucht- und Getreidebau am häufigsten zwischen 5 und 10 Ak-Einheiten/100 ha LF.
Die Agrargemeinden vom Typ Id-f haben gemeinsam, daß der Anteil der Vollerwerbsbetriebe unter 50 % liegt. Typ Id zeichnet sich durch einen relativ hohen Besatz an Zu- und Nebenerwerbsbetrieben aus und ist im Norden der Region Westpfalz und in der Region Südpfalz mit der gleichen Häufigkeit vertreten, während Typ Ie, mit relativ hohem Anteil an Zuerwerbsbetrieben, hauptsächlich im Donnersbergkreis vorkommt. Beide Typen sind im Gegensatz zu Typ f, der die Agrargemeinden mit hohem Nebenerwerb kennzeichnet, selten.
Es steht außer Frage, daß die räumliche Verteilung der Agrargemeindetypen als Momentaufnahme den Stand der Auswirkungen eines schon länger andauernden Strukturwandels in der Landwirtschaft widerspiegelt, der örtlich zu unterschiedlichen Reaktionen geführt hat. Andererseits wirkt auch die Anziehungskraft von Industriestandorten auf landwirtschaftlich strukturiertes Umland in der Weise, daß Reaktionszonen entstehen, in denen Agrargemeinden eine höhere Zahl an Neben- und Zuerwerbsbetrieben aufweisen, verbunden mit den bekannten Erscheinungen, z.B. der Sozialbrache und Veränderungen im Ortsbild.
Manchen Räumen ist von jeher Neben- und Zuerwerb eigen, so z.B. im westlichen Glan-Alsenz-Bergland. Eine überwiegend mehr oder weniger geschlossene Vererbung des landwirtschaftlich genutzten Grundbesitzes bewirkte die Freisetzung von Arbeitskräften, die

in anderen landwirtschaftlichen Betrieben durch die allgemein schlechte Ertragslage in diesem Gebiet (EMZ meist unter 45) nicht aufgenommen werden konnten und deshalb im Nebenerwerb oder durch gänzliches Überwechseln in nichtlandwirtschaftliche Bereiche (Steingewinnung, Bergbau, Heimarbeit, Hausierergewerbe) oder später als Fernpendler in das saarländische Industriegebiet ihre Existenz sicherten (siehe LESER i. Pfalzatlas, 6. Heft, S. 233). Heute spielen die Einpendlerzentren Kaiserslautern und Homburg und das dazwischen liegende industrialisierte Gebiet in der Kaiserslauterer Senke für die Auspendler aus dem Glan-Alsenz-Bergland die Hauptrolle.

Überhaupt ist es in Bezug auf die Verteilung der Industriestandorte bezeichnend, wenn man die Typen nach den Erwerbstätigen am Wohnort nach der Stellung im Beruf und die Berufspendler-Typen wiederum in einer bivariaten Häufigkeitstabelle (Tab. 34) anordnet, daß von 100 Gemeinden 65 zu den Auspendler-Gemeinden und 20 zu den Wohn-Auspendler-Gemeinden zählen (vgl. mit Tab. 30 und 31). Den höchsten Beitrag zu den Auspendler-Gemeinden liefern die AB-, AL- und A-Gemeinden, während es bei den Wohn-Auspendler-Gemeinden die L- und LA-Gemeinden sind. B-Gemeinden gehören zum größten Teil zu den Wohn-Wechselpendler- und zu den Einpendler-Gemeinden. Nur 4 von 537 Gemeinden, nämlich Bennhausen, Dörrmoschel, Gerhardsbrunn und Hergersweiler sind vom Berufspendlerverkehr wenig berührt und erfüllen die Bedingungen von Typ 1, der Wohn-Arbeits-Gemeinde. Es handelt sich um Agrargemeinden mit weniger als 200 Einwohner und vorwiegend Vollerwerbsbetrieben, die zu Typ Ia und b gerechnet werden. Wie sich die Agrargemeindetypen auf die Berufspendlertypen verteilen, geht aus Tab. 32 hervor. Dabei ist mit steigendem Anteil der Neben- und Zuerwerbsbetriebe (Id-f) eine Tendenz zur Abnahme der Wohn-Auspendler-Gemeinde bei einer Zunahme der Auspendler-Gemeinde zu verzeichnen.

Die mit der räumlichen Verteilung der Berufspendlertypen dargestellte Pendlerverflechtung, wobei die absolute Zahl der Berufspendler in Größenklassen zugänglich ist, bildet die Einzugsbereiche der regional und überregional bedeutsamen Einpend-

Tab. 30 : Verteilung der pfälzischen Gemeinden 1970 nach Berufspendleranteilen (Typen n. H.FEHRE 1961) und Berufspendler-Größenklassen.

Berufspendler		1	2	3	4	5	6	7	n
< 100	abs.	4	48	5	–	65	1	–	123
	%	3.3	39.0	4.1	–	52.8	0.8	–	(100)
100 < 200	abs.	–	30	8	–	111	6	1	156
	%	–	19.2	5.1	–	71.2	3.8	0.6	(99.9)
200 < 500	abs.	–	21	12	–	108	2	3	146
	%	–	14.4	8.2	–	74.0	1.4	2.0	(100)
500 < 1000	abs.	–	6	7	1	45	3	1	63
	%	–	9.5	11.1	1.6	71.4	4.8	1.6	(100)
1000 < 2000	abs.	–	1	4	2	18	1	5	31
	%	–	3.2	12.9	6.5	58.1	3.2	16.1	(100)
2000 < 5000	abs.	–	1	2	2	5	–	–	10
	%	–	10.0	20.0	20.0	50.0	–	–	(100)
≥ 5000	abs.	–	–	1	6	–	–	1	8
	%	–	–	12.5	75.0	–	–	12.5	(100)
Pfalz	abs.	4	107	39	11	352	13	11	537
	%	0.7	19.9	7.3	2.1	65.5	2.4	2.1	(100)

Errechnet n. Stat. v. Rhld. – Pf., Bde. 221, 233
1 Wohn-Arbeitsgmdn., 2 Wohn-Auspendler-Gmdn., 3 Wohn-Wechselpendler-Gmdn.,
4 Wohn-Einpendler-Gmdn., 5 Auspendler-Gmdn., 6 Wechselpendler-Gmdn.,
7 Einpendler-Gmdn.;

Tab. 31 : Verteilung der pfälzischen Gemeinden 1970 nach Berufspendleranteilen (Typen n. H.FEHRE 1961) auf kreisfreie Städte, Landkreise und Regionen. Errechnet n. Stat. v. Rhld. - Pf.,Bde.221, 233.

Gebietseinheit		1	2	3	4	5	6	7	n
Kreisfr.Städte	abs.	-	-	2	6	-	-	-	8
	%	-	-	25,0	75,0	-	-	-	(100)
L.Bad Dürkh.	abs.	-	9	4	1	34	1	1	50
	%	-	18,0	8,0	2,0	68,0	2,0	2,0	(100)
Donnersbgkrs.	abs.	2	18	5	1	56	1	2	85
	%	2,3	21,2	5,9	1,2	65,9	1,2	2,3	(100)
L.Germersh.	abs.	-	10	1	1	23	-	1	36
	%	-	27,8	2,8	2,8	63,8	-	2,8	(100)
L.Kaisersl.	abs.	1	2	2	-	42	2	-	49
	%	2,0	4,1	4,1	-	85,7	4,1	-	(100)
L. Kusel	abs.	-	14	3	-	79	6	4	106
	%	-	13,2	2,8	-	74,5	5,7	3,8	(100)
L.Landau-Bgz.	abs.	1	33	6	-	41	1	2	84
	%	1,2	39,3	7,1	-	48,8	1,2	2,4	(100)
L.Ludwigsh.	abs.	-	-	-	-	26	-	-	26
	%	-	-	-	-	100,0	-	-	(100)
L.Pirmasens	abs.	-	10	14	2	29	2	1	58
	%	-	17,2	24,1	3,4	50,0	3,4	1,9	(100)
L.Zweibrücken	abs.	-	11	2	-	22	-	-	35
	%	-	31,4	5,7	-	62,9	-	-	(100)
Vorderpfalz	%	-	11,3	7,5	3,8	75,0	1,2	1,2	80 (100)
Südpfalz	%	0,8	35,5	5,8	1,7	52,9	0,8	2,5	121 (100)
Westpfalz	%	0,9	16,4	7,7	1,8	67,8	3,3	2,1	336 (100)
Pfalz	%	0,7	19,9	7,3	2,1	65,5	2,4	2,1	537 (100)

Erl. d. Ziffern f. d. Typen s. Tab. 30

Tab. 32 : Verteilung der Berufspendler-Typen n. H. FEHRE (1965) auf die pfälzischen Agrargemeinde-Typen 1971/72.

Agrargemeinde-Typen		1	2	3	4	Berufspendler-Typen 5	6	7	n
I a	abs.	3	34	–	–	23	–	–	60
	%	5.0	56.7	–	–	38.3	–	–	(100)
I b	abs.	1	10	2	–	12	–	–	25
	%	4.0	40.0	8.0	–	48.0	–	–	(100)
I c	abs.	–	10	–	–	22	–	–	32
	%	–	31.2	–	–	68.8	–	–	(100)
I d	abs.	–	5	–	–	6	–	–	11
	%	–	45.5	–	–	54.5	–	–	(100)
I e	abs.	–	4	–	–	10	–	–	14
	%	–	28.6	–	–	71.4	–	–	(100)
I f	abs.	–	13	–	–	39	–	–	52
	%	–	25.0	–	–	75.0	–	–	(100)
Agrargmdn.	abs.	4	76	2	–	112	–	–	194
	%	2.1	39.2	1.0	–	57.7	–	–	(100)

Errechnet n. Stat.v.Rhld.-Pf.,Bde. 221, 223, 233

I a ≥50% Vollerwerbsbetr. mit zurücktret. Anteil d. Neben-u.Zuerwerbsbetr.
I b "   "   "   "   bedeutend. " Zuerwerbsbetr.
I c "   "   "   "   "   " Nebenerwerbsbetr.

I d <50% Vollerwerbsbetr. "   "   "   " Neben-u.Zuerwerbsbetr.
I e "   "   "   "   "   " Zuerwerbsbetr.
I f "   "   "   "   "   " Nebenerwerbsbetr.

Erläuterung zu den Berufspendler-Typen s. Tab. 30

Tab. 33 : Verteilung der Gemeindetypen nach den ET am Arbeitsort auf die Gemeindetypen nach den ET am Wohnort in der Pfalz 1970.

Gemeindetypen n.Stellung d. ET i.Beruf a. Wohnort		I	II	III	IV	IVa	V	VI	VII	n
L	abs.	55	-	-	2	-	-	-	-	57
	%	96.5	-	-	3.5	-	-	-	-	(100)
LA	abs.	21	-	-	1	-	-	-	-	22
	%	95.5	-	-	4.5	-	-	-	-	(100)
AL	abs.	87	3	1	35	10	1	6	1	144
	%	60.4	2.1	0.7	24.3	6.9	0.7	4.2	0.7	(100)
A	abs.	7	1	3	5	9	10	4	38	77
	%	9.1	1.3	3.9	6.5	11.7	13.0	5.2	49.3	(100)
AB	abs.	19	2	7	25	25	13	17	37	145
	%	13.1	1.4	4.8	17.2	17.2	9.0	11.7	25.5	(99.9)
BA	abs.	4	1	10	8	9	23	1	25	81
	%	4.9	1.2	12.3	9.9	11.1	28.4	1.2	30.9	(99.9)
B	abs.	1	-	7	1	1	-	1	-	11
	%	9.1	-	63.6	9.1	9.1	-	9.1	-	(100)
Pfalz	abs.	194	7	28	77	54	47	29	101	537
	%	36.1	1.3	5.2	14.3	10.1	8.8	5.4	18.8	(100)

Errechnet n.Stat.v.Rhld.-Pf.,Bd. 221   Erläuterung zu den Abkürzungen u.Ziffern s.Tab. 26 u. 28

Tab. 34 : Verteilung der Berufspendler-Typen n. H.FEHRE (1965) auf die nach den ET am Wohnort n.ihrer Stellung im Beruf typisierten pfälzischen Gemeinden 1970.

Gemeindetypen n.Stellung d. ET i.Beruf a. Wohnort		1	2	3	Berufspendler-Typen 4	5	6	7	n
L	abs.	4	52	1	–	–	–	–	57
	%	7.0	91.2	1.8	–	–	–	–	(100)
LA	abs.	–	15	–	–	7	–	–	22
	%	–	68.2	–	–	31.8	–	–	(100)
AL	abs.	–	22	6	–	112	4	–	144
	%	–	15.3	4.1	–	77.8	2.8	–	(100)
A	abs.	–	6	11	–	59	–	1	77
	%	–	7.8	14.3	–	76.6	–	1.3	(100)
AB	abs.	–	8	5	1	123	6	2	145
	%	–	5.5	3.4	0.7	84.8	4.1	1.4	(99.9)
BA	abs.	–	3	12	9	49	3	5	81
	%	–	3.7	14.8	11.1	60.5	3.7	6.2	(100)
B	abs.	–	1	4	1	2	–	3	11
	%	–	9.1	36.3	9.1	18.2	–	27.3	(100)
Pfalz	abs.	4	107	39	11	352	13	11	537
	%	0.7	19.9	7.3	2.1	65.5	2.4	2.1	(100)

Errechnet n.Stat.v.Rhld.-Pf., Bd. 221. Erläuterung d.Ziffern f.d. Berufspendler-Typen s. Tab. 30 , Abkürzungen d.Gemeindetypen f.d.ET a. Wohnort s. Tab. 26.

Tab. 35 : Verteilung der pfälzischen Gemeinden 1970 nach Altersaufbau-Typen auf die nach den ET am Wohnort nach ihrer Stellung im Beruf typisierten Gemeinden.

Gemeindetypen n.d.Stellung d.ET i.Beruf a.Wohnort		a	b	c	d	Altersaufbau - Typen e	f	g	h	n
L	abs.	3	8	14	3	10	1	12	6	57
	%	5.3	14.0	24.6	5.3	17.5	1.8	21.0	10.5	(100)
LA	abs.	-	2	5	1	2	2	7	3	22
	%	-	9.1	22.7	4.5	9.1	9.1	31.8	13.6	(99.9)
AL	abs.	17	8	27	6	29	8	28	21	144
	%	11.8	5.6	18.7	4.2	20.1	5.6	19.4	14.6	(100)
A	abs.	6	-	1	-	22	33	5	10	77
	%	7.8	-	1.3	-	28.6	42.8	6.5	13.0	(100)
AB	abs.	17	3	9	5	48	28	20	15	145
	%	11.7	2.1	6.2	3.4	33.1	19.3	13.8	10.3	(99.9)
BA	abs.	16	-	6	3	27	26	-	3	81
	%	19.8	-	7.4	3.7	33.3	32.1	-	3.7	(100)
B	abs.	1	-	5	1	4	-	-	-	11
	%	9.1	-	45.4	9.1	36.4	-	-	-	(100)
Pfalz	abs.	60	21	67	19	142	98	72	58	537
	%	11.2	3.9	12.5	3.5	26.4	18.2	13.4	10.8	(99.9)

Errechnet n. Stat.v.Rhld.-Pf., Bd. 221

Abkürzungen f. **n.** ET a. Wohnort typisierte Gemeinden s. Tab. 26 ; Erl. d. Symbole f.d. Altersaufbau-Typen s. Abb. 16.

lergemeinden ab und zeigt damit auch den Verlauf von Pendlerscheiden auf (Abb. 34 a-f). Dabei macht sich eindrucksvoll die Attraktivität außerhalb der Pfalz liegender Einpendlerzentren bemerkbar, z.B. das Oberzentrum Karlsruhe, dessen Einzugsgebiet in die Südpfalz hineinreicht und den Einzugsbereich des Industriestandortes Wörth überlagert ("W" in Abb. 34 c Wörth ≙ Wörth a. Rh.). Relativ schwach kommt der Einzugsbereich des Oberzentrums Mannheim zur Geltung (Abb. 34a). Eindrucksvoll bildet sich der Einfluß des Industriestandortes Homburg/Saar im südwestlichen Teil des Landkreis Kusel ab. Hier werden deutlich die Pendlerscheiden der Einpendlerzentren Kaiserslautern, Kusel, Wolfstein und Lauterecken sichtbar (Abb. 34e). Im Norden des Donnersbergkreises greift der Einzugsbereich von Bad Kreuznach auf die Gemeinden des Appelbach- und Alsenztales über und wird dann vom Rockenhausener und Kaiserslauterer Einzugsbereich abgelöst (Abb. 34b).

So stellt die Typisierung nach Berufspendleranteilen, einschließlich der Pendlerverflechtung, ein vereinfachtes und quantitativ durch Größenklassen faßbares wichtiges Verbindungsglied zu den Typenbildungen nach den Erwerbstätigen am Wohn- und Arbeitsort dar, indem es die Zuordnung der Gemeinden zu Wirtschaftsräumen erleichtert.

5.5 Ergänzende Merkmale

Angaben zur Zentralität (nach LEP 1978) und Merkmale zur Fremdenverkehrsintensität setzen die zusätzlichen Merkmale zusammen (siehe Anhang), wobei für die Fremdenverkehrsgemeinden eine tiefere Gliederung gewählt wird. Die Daten dazu stellen die Verhältnisse im Jahr 1983 dar. Sie sind der amtlichen Statistik entnommen.

Die Statistik unterscheidet Heilbäder, Luftkurorte, Erholungs- und Fremdenverkehrsorte, letztere in einer Auswahl. Aus den "Begriffsbestimmungen für Kurorte, Erholungsorte und Heilbrunnen" (1972) ist zu entnehmen, daß die Bezeichnung Heilbad neben

Abb. 34a

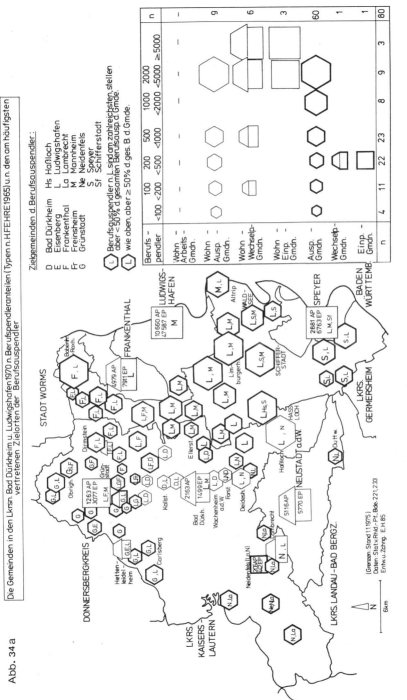

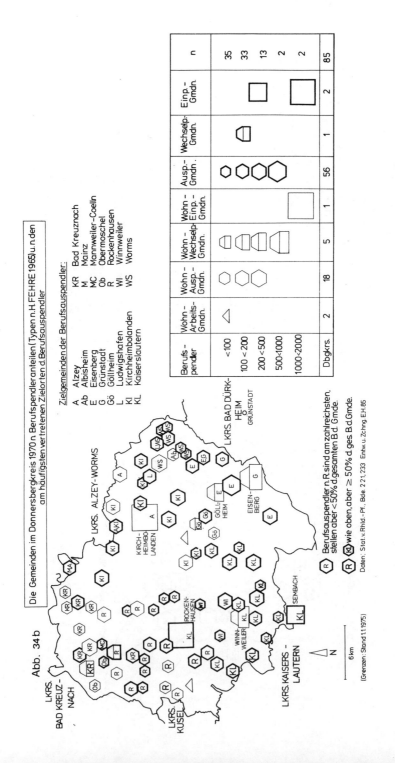

Abb. 34c | Die Gemeinden in den Lkrsn. Germersheim u. Landau-Bad Bergzabern 1970 n. Berufspendleranteilen (Typen n. H.FEHRE 1965) u.n. den am häufigsten vertretenen Zielorten der Berufsauspendler

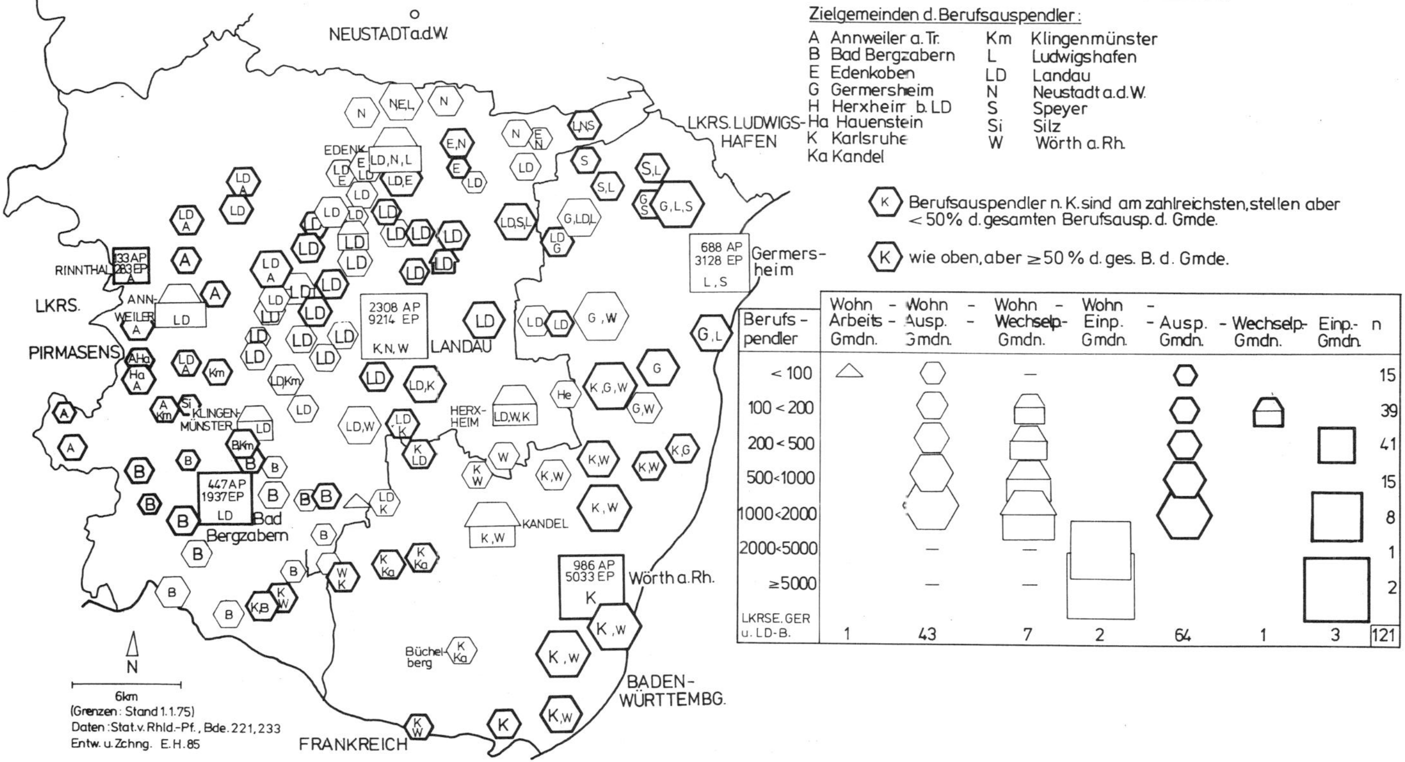

Zielgemeinden d. Berufsauspendler:
A Annweiler a.Tr.   Km Klingenmünster
B Bad Bergzabern   L Ludwigshafen
E Edenkoben   LD Landau
G Germersheim   N Neustadt a.d.W.
H Herxheim b.LD   S Speyer
Ha Hauenstein   Si Silz
K Karlsruhe   W Wörth a.Rh.
Ka Kandel

(K) Berufsauspendler n.K. sind am zahlreichsten, stellen aber < 50% d. gesamten Berufsausp.d.Gmde.

⟨K⟩ wie oben, aber ≥ 50% d.ges. B.d. Gmde.

Berufs-pendler	Wohn - Arbeits-Gmdn.	Wohn - Ausp.-Gmdn.	Wohn - Wechselp.-Gmdn.	Wohn - Einp.-Gmdn.	- Ausp.-Gmdn.	- Wechselp.-Gmdn.	Einp.-Gmdn.	n
< 100	△							15
100 < 200								39
200 < 500								41
500 <1000								15
1000 <2000								8
2000 <5000								1
≥ 5000								2
LKRSE. GER u. LD-B.	1	43	7	2	64	1	3	121

6 km
N
(Grenzen: Stand 1.1.75)
Daten: Stat.v.Rhld.-Pf., Bde 221,233
Entw.u. Zchng.: E.H. 85

Abb. 34 d   Die Gemeinden im Lkrs. Kaiserslautern 1970 n. Berufspendleranteilen (Typen n. H. FEHRE 1965) u.n. den am häufigsten vertretenen Zielorten d. Berufsauspendler

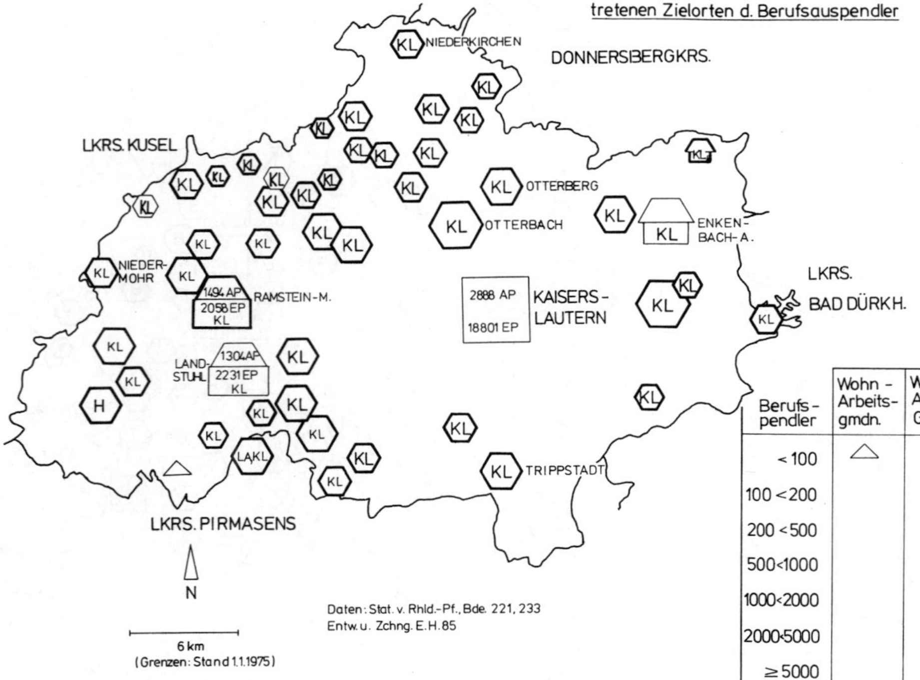

Zielgemeinden d. Berufsauspendler:

H   Homburg/Saar
KL Kaiserslautern
LA Landstuhl

⬡ KL Berufsauspendler n. KL sind am zahlreichsten, stellen aber <50% d. gesamten B. d. Gmde.

⬡ KL wie oben, aber ≥50% d. ges. B. d. Gmde.

Berufs-pendler	Wohn-Arbeits-gmdn.	Wohn-Ausp.-Gmdn.	Wohn-Wechselp.-Gmdn.	Wohn-Einp.-Gmde.	Ausp.-Gmdn.	Wechselp.-Gmdn.	Einp.-Gmdn.	n
<100	△	⬡						7
100 <200					⬡⬡			10
200 <500					⬡⬡⬡			15
500 <1000			⬢		⬡	⬢		12
1000 <2000					⬡			5
2000-5000								–
≥5000				☐				1
Lkrs. KL	1	2	2	1	42	2	–	50

Daten: Stat. v. Rhld.-Pf., Bde. 221, 233
Entw. u. Zchng. E. H. 85

6 km
(Grenzen: Stand 1.1.1975)

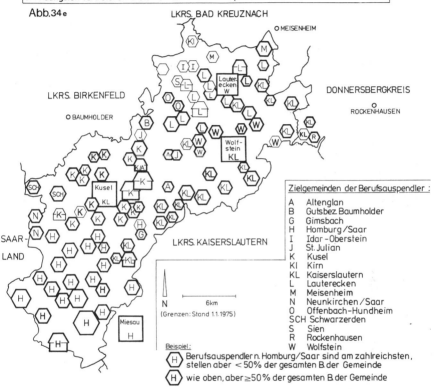

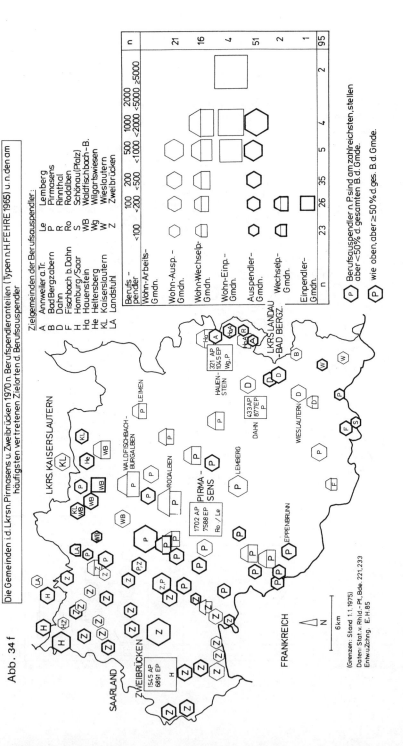

Abb. 34 f — Die Gemeinden i.d. Lkrsn. Pirmasens u. Zweibrücken 1970 n. Berufspendleranteilen (Typen n. H. FEHRE 1965) u. n. den am häufigsten vertretenen Zielorten d. Berufsauspendler

einer entsprechenden Infrastruktur an anspruchsvolle balneologische Voraussetzungen geknüpft ist, während die Bezeichnung Luftkurort u.a. beinhaltet, daß ein "therapeutisch anwendbares Klima" nachgewiesen ist und die Gemeinde einen "entsprechenden Kurortcharakter" hat; für Erholungsorte wird eine "landschaftlich bevorzugte und klimatisch günstige" Ortslage zur Bedingung gemacht (ibid. S. 5-7).

Um diese Gemeinden, einschließlich der Fremdenverkehrsgemeinden, in ihrem Stellenwert beurteilen zu können, werden sie an den Übernachtungen/100 Einwohner gemessen, wobei über eine Zuordnung zu Größenklassen eine Intensitätsstufung erreicht wird. Die Verbreitung der Gemeinden deckt sich weitgehend mit dem Naturraum Pfälzerwald, mit höchsten Intensitätsstufen der Übernachtungshäufigkeit in seinem Südteil, besonders im Raum um Dahn (Abb. 35). Daß z.B. im Glan-Alsenz-Berg- und Hügelland die Erholungs- und Fremdenverkehrsorte nur spärlich vertreten sind, obwohl die geforderten natürlichen Voraussetzungen vielerorts erfüllt sind, scheint mit nicht ausreichender Infrastruktur und mit der Einstellung der Bevölkerung in Verbindung zu stehen (siehe Tab. 36).

Diese zusätzlichen Merkmale sollen lediglich Möglichkeiten aufzeigen, wie man das aus der Typisierung gewonnene Bild einer Gemeinde erweitern kann.

Abb. 35 Fremdenverkehr in der Pfalz 1983 n. Übernachtungen/100 Einwohner

Übernachtungen/100Einwohner(1983)	(H) Heilbäder	(L) Luftkurorte	(E) Erholungsorte	(F) Fremdenverkehrsorte	n
<500	—	—	⬡	○	50
500 <1000	—	—	⬡	○	20
1000 <2500	▲	▦	⬡	○	20
2500 <5000	▲	▦	⬡	○	9
≥5000	—	—	⬡	○	3
PFALZ	2	4	31	65	102

Daten: Stat. Berichte Rhld.-Pf. G IV/1 - j/83   Ber., Entw. u. Zchng. E. H. 85

Tab. 36 : Fremdenverkehr in der Pfalz 1983

Regionen 1967/76		Heilbäder Ü/100a.G.·1)	Luftkurorte Ü/100a.G.		Erholungsorte Ü/100a.G.		Fremdenverkehrsorte2) Ü/100a.G.		Übern./ 100a.G. zus.	n
Vorderpfalz	abs.	1	1		7		15			24
	%	636 4.2	4.2		29.1	379	62.5	195	340	(100)
Südpfalz	abs.	1	2		8		20			31
	%	743 3.2	6.5		25.8	384	64.5	321	431	(100)
Westpfalz	abs.	-	1		16		30			47
	%	-	2.1		34.0	428	63.8	320	379	(99.9)
Pfalz	abs.	2	4		31		65			102
	%	675 2.0	3.9		30.4	404	63.7	277	377	(100)

Errechnet n. Stat. Berichte Rhld.-Pf., G IV/1 - j 83, S.10/11

1) Zahl der Übernachtungen/100 angekommene Gäste (ohne Campingplätze)

2) In der Statistik sind ausgwählte Fremdenverkehrsorte ausgewiesen; Ü/100a.G. f. alle Fremdenverkehrsorte in der Pfalz = 284.

6.0. Abschließende Bemerkungen

In der vorliegenden Arbeit werden die 537 Gemeinden des bis zur Territorialreform 1972 bestehenden Regierungsbezirks Pfalz in seinen Grenzen von 1970 nach bevölkerungsgeographischen und sozialökonomischen Merkmalen typisiert. Die Daten dazu sind der amtlichen Statistik 1970/72 (Volkszählung) entnommen. Die Typenbildung folgt der herkömmlichen Methode, bei der die zur Typenabgrenzung notwendigen Schwellenwerte aus Häufigkeitsverteilungen abgeleitet werden. Diese elementarstatistische Vorgehensweise wurde bewußt gewählt, um für die Benutzer aus den Bereichen Landesplanung und Verwaltung eine leicht nachvollziehbare Typisierung zu erhalten.

Großräumig lassen sich die regional ausgeprägten Wachstumsunterschiede, wie sie in der ungleichen Verteilung der Bevölkerung, der Gemeindegrößen und der oft abweichenden Erscheinungsweise derselben Gemeinde als Wohn- und Arbeitsort zum Ausdruck kommen, auf eine zeitlich nicht konform verlaufende Raumwirksamkeit industrieller Kernräume und auf den Strukturwandel in der Landwirtschaft zurückführen. Je nach infrastruktureller Ausstattung und Entfernung nimmt die Ausstrahlung der Eigendynamik dieser industriellen Kernräume mehr oder weniger stark ab und ist aus der Kartierung der Pendlereinzugsgebiete ersichtlich; es sind vor allem der Rhein-Neckar-Raum, der Raum Karlsruhe-Wörth a. Rh. und das saarländische Industriegebiet.

So zeichnet sich bereits in der generalisierten Gliederung ein sozialökonomisches Gefälle ab zwischen den industriellen Kernräumen der Vorderpfalz, den Räumen, die in günstiger Lage zu "Aktivräumen" durch Pendelverflechtungen profitieren und den "strukturschwachen Räumen" mit den Zentren Landau, Pirmasens, Zweibrücken, Landstuhl, Kirchheimbolanden, Dahn und Kusel, wobei die beiden letztgenannten Bereiche von einer besonders ungünstigen Erwerbs- und Infrastruktur betroffen sind. Im Hinblick auf die Gemeindetypen ergibt sich so eine große Variationsbreite.

Daraus leiten sich, bedingt durch das Wanderungsverhalten und dadurch auch in der natürlichen Bevölkerungsbewegung, Veränderungen im Altersaufbau der Gemeindebevölkerungen ab, die über die Altersgruppen <15 Jahre, 15 < 60 Jahre und ≥ 60 Jahre typisiert wurden. Z.B. sind Verbreitungsgebiete demographisch junger Gemeinden die industriellen Kernräume in der Vorderpfalz, die Kaiserslauterer Senke und das Umland von Pirmasens und Zweibrücken, während in landwirtschaftlichen Beharrungsräumen mit Wanderungsverlusten aufgrund von Strukturschwächen demographisch ältere Gemeindebevölkerungen auftreten.

Zusammen mit den Altersaufbau-Typen ist die Typisierung der Erwerbstätigen am Wohnort nach ihrer Stellung im Beruf zu sehen. Vereinfacht gilt, daß der Arbeiter (A)-Anteil zum niedrigeren, der Bauern (L)- und Beamten-Angestellten (B)-Anteil zu einem höheren Altersdurchschnitt beiträgt. Die Typenverteilung in der Vorderpfalz wird von BA- und AL-Gemeinden bestimmt, mit der Rangfolge nach ihrer Häufigkeit BA/AL/AB; dagegen findet man für die Westpfalz die Rangfolge AB/AL/A und für die Südpfalz AB/AL/L (wobei AB und AL-Gemeinden bei gleicher Häufigkeit rund 50 % ausmachen). Der relativ hohe Anteil an BA-Gemeinden in der Vorderpfalz unterstricht den mit dem produzierenden Gewerbe sich mitentwickelnden tertiären Bereich mit versorgender Funktion im weitesten Sinn, entsprechen dem "Gesetz vom doppelten Stellenwert" nach IPSEN. Häufig folgt die Verteilung der AL- und LA-Gemeinden dem Verlauf der Täler und naturräumlichen Grenzen, die verkehrsgeographisch begünstigt sind.

Die Typisierung der Erwerbstätigen am Arbeitsort nach Wirtschaftsbereichen zeigt die z.T. erheblichen Unterschiede gegenüber der Zusammensetzung am Wohnort, worauf schon die hohe Zahl an Auspendlergemeinden hinweist. Die L-, LA- und AL-Gemeinden in den traditionell landwirtschaftlich geprägten Räumen im östlichen Glan-Alsenz-Berg- und Hügelland und im Zweibrücker Westrich, die intensiv genutzten Räume am Ostabfall des Pfälzerwaldes, des Vorderpfälzer Tieflandes und des südwestlichen Teils des Alzeyer Hügellandes zählen, als Arbeitsort betrachtet, am häufigsten zu den Agrargemeinden. Sie werden durch Einbeziehung der betriebllichen und außerbetrieblichen Einkommenslage der landwirtschaftlichen Betriebsinhaber weiter differenziert. Dem zunehmenden Anteil der Neben- und Zuerwerbsbetriebe entspricht eine abnehmende Tendenz der Wohn-Auspendler-Gemeinden und Zunahme der Auspendler-Gemeinden. Diese Bereiche heben sich von den industrialisierten Räumen mit Vermischung der Arbeitsort-Typen ab, so in der Vorderpfalz mit relativ wenigen Industriegemeinden, aber einer hohen Zahl Erwerbstätiger, umgeben von Gewerbe- und Dienstleistungsgemeinden, ländlichen Gewerbe- und Dienstleistungsgemeinden und schließlich von Agrargemeinden am Haardtrand und in der Vorhügelzone; eingestreut sind Dienstleistungsgemeinden. Es zeigt sich für die meisten Gemeinden der Pfalz eine Doppelgesichtigkeit beim Vergleich der Wohnort- und Arbeitsort-Gemeindetypen. Die Berufspendler-Typen nach dem Schema von FEHRE stellen dabei das Bindeglied zum Verständnis der beiden Erscheinungsformen dar. Über die Gemeinde hinausweisende Funktionen, z.B. die Verwaltung oder Erholung betreffen, ergänzen den Gemeindetyp.

7.0 English summary

In the doctoral thesis presented, the 537 communities of the Palatinate (1970) are typified according to population-geographical and socio-economic characteristics. The threshold values necassary for the type-definitions are derived from frequency distribution.
Differences in regional growth can be observed within the distribution of the population and size of the communities. They are related to a temporally unconform progression of the spatial operation of the industrial centres and to stuctural changes in agriculture. This is particularly well marked in a comparison of communities as residential and employment sites. The Rhein-Neckar-Region, the region around Karlsruhe-Wörth a. Rh. and the industrial region of the Saarland have a particularly large influence.
There exists between the industrial centres of the Lower Palatinate, the 'active areas' in good locations that profit from commuter complexities and the structurally 'weak' areas around Landau, Pirmasens, Zweibrücken, Landstuhl, Kirchheimbolanden, Dahn and Kusel, a socio-economic gradient.
In this manner the age-structures of the communities are affected by the migrationary behaviour of the population. It was categorized by the age groups <15 years old, 15<60 years old and ≥60 years old. Demographically young communities are to be found for example in the industrial centres of the Lower Palatinate, the Kaiserslautern depression and in the region around Pirmasens and Zweibrücken. Demographically older communities are stronger in regions dominated by agriculture. Structural weaknesses are made obvious as a result of the more-or-less large losses through migration.
The typification of the occupied persons in residential locations according to their rank in their profession must be combined with the age-structure types. In a simplified manner it can be said that the worker-proportion (A) leads to lower, and the farmer (L) and civil servant proportion (B) to higher

159

average ages. The type distribution in the Lower Palatinate is dominated by BA and LA communities (arranged according to their frequency: BA/AL/AB). In contrast, the order AB/AL/A is found for the Western Palatinate and AB/AL/A for the Southern Palatinate (whereby AB and AL communities with the same frequency make up around 50 %). The relatively high proportion of BA communities in the Lower Palatinate underlines the tertiary sector (with service functions in the broadest sense) that develops with the producing industries, according to the "Law of double dependance" of IPSEN. It is common that AL and LA communities follow the course of valleys and natural landscape boundaries that are favoured by means of transport.

The typification of the occupied persons in employment locations according to economic branches shows, in places, distinct differences to the composition in residential locations. The large number of commuter communities call attention to this. The L, LA, and AL communities of the traditionally agriculture-dominated regions of the eastern 'Glan-Alzenz-Berg- and Hügelland' and in the 'Zweibrücker Westrich', the intensivly used regions at the eastern edge of the Palatinate Forest and the southwestern part of the 'Alzeyer Hügelland' are most often counted as agricultural communities as far as employment locations are concerned. They can be further differentiated by taking into consideration the agricultural and non-agricultural income of the farmers. The increasing proportion of part-time farming corresponds to a negative tendency in residential-commuter communities and an increase in purely commuter communities. These areas can be differentiated from the industrialized regions with mixing of employment location types. In the Lower Palatinate there are relatively few industrial communities, but a large number of occupied persons. They are surrounded by urban manufacturing and service communities, rural manufacturing and service communities, and lastly by agricultural communities at the edge of the Haardt and the promontory zone. Purely service communities are interspersed.

A double aspect can be demonstrated for the majority of the

communities in the Palatinate when one compares residential and occupational community types. The commuter types, according to the scheme of FEHRE, are a link to understanding both manifestations. Functions that project beyond communities, such as apply to administration and recreation, complement the community type.

7.0 Literaturverzeichnis

ACHENBACH, H.: Studien zur räumlichen Differenzierung der Bevölkerung der Lombardei und Piemonts. Erdkunde Bd. 30, 1976, S. 176-186.

ders.: Zur regionalen Differenzierung der natürlichen Bevölkerungsentwicklung und der Familienstruktuen in Italien. Marburger Geographische Schriften, Bd. 73, 1977, S. 11-28).

AHNERT, F.: Die Oberflächenformen des Dahner Felsenlandes. Mitteilungen der Pollichia, 3. Reihe, 3. Bd., Bad Dürkheim 1955.

ALBERT, H.: Probleme der Wissenschaftslehre in der Sozialforschung. Handbuch der empirischen Sozialforschung, hrsg. von R. König, 3. Aufl., Stuttgart 1973, S. 57-102.

ALBRECHT, G.: Soziologie der geographischen Mobilität. Stuttgart 1972.

ALTER, W.: Die Bevölkerung der Pfalz im Jahre 1825. Die Bevölkerung der Pfalz im Jahre 1961. Bevölkerungsveränderungen 1825 bis 1961. Textband zum Pfalzatlas, 5. Heft, hrsg. v. W. Alter, Speyer 1964, S. 165-192 u. Karte Nr. 26, 27, 32.

ANDREAE, B.: Strukturen deutscher Agrarlandschaft. Landbaugebiete und Fruchtfolgesysteme in der Bundesrepublik Deutschland. Forschungen zur deutschen Landeskunde, Bd. 199, Bonn - Bad Godesberg 1973.

ARENSBERG, C.M./R. KÖNIG: Soziologie der Gemeinde. Handbuch der empirischen Sozialforschung, hrsg. v. R. König, 3. Aufl., Stuttgart 1974, S. 82-141.

ARNBERGER, E.: Das topographische, graphische, bildstatistische und bildhafte Prinzip in der Kartographie. Internationales Jahrbuch für Kartographie, Bd. 4, 1964, S. 30-52.

ders.: Handbuch der thematischen Kartographie, Wien 1966.

ATZBACH, O.: Geologische Übersichtskarte der Pfalz. Pfalzatlas, Karte Nr. 57. Textband, 15. Heft, S. 545-552, Speyer 1970.

BACKÉ, B.: Altersstruktur und regionale Bevölkerungsprognose, dargestellt am Beispiel des Landes Niedersachsen. Neues Archiv für Niedersachsen, Bd. 20, Heft 1, 1971, S. 17-29.

BAHRENBERG, G./E. GIESE: Statistische Methoden und ihre Anwendung in der Geographie. Stuttgart 1975.

BÄHR, J.: Bevölkerungsgeographie. Verteilung und Dynamik der Bevölkerung in globaler, nationaler und regionaler Sicht. Stuttgart 1983.

BÄR, W.: Zur Methodik der Darstellung dynamischer Phänomene in thematischen Karten. Frankfurter Geographische Hefte 51, 1976.

BARTELS, D.: Das Problem der Gemeindetypisierung. Geographische Rundschau, 17. Jg., 1965, S. 22-25.

BARTELS, D. (Hrsg.): Wirtschafts- und Sozialgeographie. Neue Wissenschaftliche Bibliothek Bd. 35, Köln, Berlin 1970.

BECK, O.: Veränderungen in der Wirtschafts- und Sozialstruktur der Vorderpfalz und ihre Auswirkungen auf das Landschaftsbild seit dem Ende des 19. Jahrhunderts. Speyer 1963.

BECKER, A.: Die Pfalz und die Pfälzer. Leipzig 1858, neubearb. Aufl., Landau 1983.

BEEGER, H.: Raumordnung und Landesplanung in der Pfalz. Pfälzische Landeskunde, hrsg. v. M. Geiger, G. Preuß u. K.-H. Rothenberger, Bd. 1, 1981, S. 157-174.

ders. u. H. WENNER: Die Bevölkerungsentwicklung der Pfalz seit 1815/23. Pfälzische Landeskunde, hrsg. v. M. Geiger, G. Preuß u. K.-H. Rothenberger, Bd. 1, 1981, S. 101-128.

BENDER, R. J.: Mennoniteneinwanderung und Entwicklung des Hopfenanbaus in der Südpfalz. Berichte zur deutschen Landeskunde, Bd. 50, 1976, S. 125-139.

ders.: Wasgau/Pfalz. Untersuchungen zum wirtschaftlichen und sozialen Wandel eines verkehrsfernen Raumes monoindustrieller Prägung. Mannheimer Geographische Arbeiten, Heft 5, 1979.

ders.: Sozioökonomischer Wandel im südlichen Pfälzerwald seit 1945. Pfälzische Landeskunde, hrsg. v. M. Geiger, G. Preuß u. K.-H. Rothenberger, Bd. 1, 1981, S. 437-446.

ders.: Die Südpfalz - Eignungspotential und Nutzung eines peripheren Erholungsraumes. Festschrift zum 43. Deutschen Geographentag in Mannheim, Mannheim 1981, S. 329-342.

ders.: Die Entwicklung von Wald- und Offenland im südlichen Pfälzerwald. Südwestdeutsche Schriften, hrsg. dch. d. Institut für Landeskunde und Regionalforschung in der Universität Mannheim, Heft 1, 1984, S. 93-103.

BERTIN, J.: Graphische Semiologie. Diagramme, Netze, Karten. Übersetzt und bearbeitet nach der 2. franz. Aufl. v. G. Jensch, D. Schade und W. Scharfe. Berlin, New York 1974.

BILLETER, E.: Eine Maßzahl zur Beurteilung der Altersverteilung einer Bevölkerung. Schweizerische Zeitschrift für Volkswirtschaft und Statistik, Bd. 90, 1954, S. 496-505.

BOBEK, H.: Bemerkungen zur Ermittlung von Gemeindetypen in Österreich. Schriftenreihe der österreichischen Gesellschaft zur Förderung von Landesforschung und Landesplanung, Bd. 1, 1955, S. 15-39.

ders.: Erwerbstätigenstruktur und Dienstequote als Mittel zur quantitativen Erfassung regionaler Unterschiede der sozialwirtschaftlichen und -kulturellen Entwicklung. Münchner Studien zur Sozial- und Wirtschaftsgeographie, 4, 1968, S. 119-131.

BOESLER, Kl.-A.: Zum Problem der quantitativen Erfassung städtischer Funktionen. Lund studies in geography. Serie B. Human Geography, Nr. 24, 1962, S. 145-155.

ders.: Raumordnung. Erträge der Forschung Bd. 165, Darmstadt 1982.

BOLTE, K. M., KAPPE, D. u. SCHMID, J.: Bevölkerung. Statistik, Theorie, Geschichte und Politik des Bevölkerungsprozesses. 4., völlig neu überarb. Aufl., Opladen 1980.

BORCHERDT, Ch. / Ch. JENTSCH: Die Städte im Saarland in geographisch-landeskundlichen Kurzbeschreibungen. Berichte zur deutschen Landeskunde, Bd. 38, 1967, S. 161-191.

BORN, M.: Die Entwicklung der deutschen Agrarlandschaft. Erträge der Forschung Bd. 29, Darmstadt 1974.

ders.: Geographie der ländlichen Siedlungen. Bd. 1: Die Genese der Siedlungsformen in Mitteleuropa. Stuttgart 1977.

BORRIES, H.-W. v.: Ökonomische Grundlagen der westdeutschen Siedlungsstruktur. Veröffentlichungen der Akademie für Raumforschung und Landesplanung. Abhandlungen, Bd. 56, 1969.

BOUSTEDT, O.: Wachsende, stagnierende und schrumpfende Gemeinden. Die Analyse der regionalen Bevölkerungsentwicklung auf dem Wege der Typisierung. Raumforschung und Raumordnung, 15. Jg., Heft 3/4, 1957, S. 134-145.

ders.: Gedanken und Beobachtungen zum Phänomen der Suburbanisierung. Veröffentlichungen der Akademie für Raumforschung und Landesplanung, Forschungs- und Sitzungsberichte, Bd. 102, 1975, S. 1-23.

ders.: Grundriß der empirischen Regionalforschung. Teil 1: Raumstrukturen. Teil 2: Bevölkerungsstrukturen. Teil 3: Siedlungsstrukturen. Teil 4: Regionalstatistik. Veröffentlichungen der Akademie für Raumforschung und Landesplanung. Taschenbücher zur Raumplanung Bde. 4-7, Hannover 1975.

BRAUN, G.: Iphofen. Entwicklung und wirtschaftsgeographische Struktur mit besonderer Berücksichtigung der Stadt-Umland-Beziehungen und Fragen der Gemeindetypisierung. Würzburger Geographische Arbeiten, Heft 29, 1969.

CHRISTALLER, W.: Die zentralen Orte in Süddeutschland. Eine ökonomisch-geographische Untersuchung über die Gesetzmäßigkeit der Verbreitung und Entwicklung der Siedlungen mit städtischen Funktionen. 1933. Reprogr. Nachdr. Darmstadt. 1980.

CLAUSS, Ch.: Probleme der kartographischen Darstellung von Merkmalskombinationen. Geographische Berichte, Bd. 70, Heft 1, 1974, S. 32-40.

CLOER, B./U. KAISER-CLOER: Eisengewinnung und Eisenverarbeitung in der Pfalz im 18. und 19. Jahrhundert. Mannheimer Geographische Arbeiten. Heft 18, 1984.

van DEENEN, B.: Die Aussagekraft einer Gemeindetypisierung für regionale und agrarstrukturelle Entwicklungsmaßnahmen. Bericht über die Verbesserung der Agrarstruktur in der Bundesrepublik Deutschland 1964/65, S. 24-30.

ders. u. E. MROHS: Die Aussagekraft einer Gemeindetypisierung für regionale und agrarstrukturelle Entwicklungsmaßnahmen. b) Beitrag der Forschungsgesellschaft für Agrarpolitik und Agrarsoziologie, Bonn. Bericht über die Verbesserung der Agrarstruktur in der Bundesrepublik Deutschland 1965/66, S. 125-135.

DÖHN, H.: Die Entwicklung des Verkehrswesens in der Pfalz. Pfälzische Landeskunde, hrsg. v. M. Geiger, G. Preuß u. K.-H. Rothenberger, Bd. 3, 1981, S. 244-265.

DÖRRER, I.: Die Landschaften der Pfalz, eine Einführung in das natur-, struktur- und wirtschaftsräumliche Gefügemuster. Pfälzische Landeskunde, hrsg. v. M. Geiger, G. Preuß u. K.-H. Rothenberger, Bd. 1, 1981, S. 17-32.

DROEGE, G.: Deutsche Wirtschafts- und Sozialgeschichte. Frankfurt/M., Berlin, Wien 1972.

DUCKWITZ, G.: Kleinstädte an Nahe, Glan und Alsenz. Ein historisch-geographischer, wirtschafts- und siedlungsgeographischer Beitrag zur regionalen Kulturlandschaftsforschung. Bochumer Geographische Arbeiten, Heft 11, 1971.

ders. u. H. LIEDTKE: Rockenhausen-Kleinstadt in der Nordpfalz. Neuer Luftbildatlas Rheinland-Pfalz, Sonderausgabe, Neumünster 1984, S. 116f.

EBERLE, J.: Der Pfälzer Wald als Erholungsgebiet unter besonderer Berücksichtigung des Naherholungsverkehrs. Arbeiten aus dem Geographischen Institut der Universität des Saarlandes, Heft 22, Saarbrücken 1976.

ENDLICH, H.: Berufspendler 1961. Textband zum Pfalzatlas, 16. Heft, hrsg. v. W. Alter, Speyer 1971, S. 589-608.

ESENWEIN-ROTHE, I.: Über die Möglichkeiten einer Quantifizierung von Standortqualitäten. Jahrbuch für Sozialwissenschaft, Bd. 14, 1963, S. 492-519.

FEGERT, F.: Ziegelindustrie in Jockgrim. Neuer Luftbildatlas Rheinland-Pfalz, Sonderausgabe, Neumünster 1984, S. 134f.

FEHRE, H.: Die Gemeindetypen nach der Erwerbsstruktur der Wohnbevölkerung. Erläutert am Beispiel der Gemeinden des Landes Nordrhein-Westfalen nach den Ergebnissen der Volks- und Berufszählung vom 13.9.1950. Raumforschung und Raumordnung, 19. Jg., Heft 3, 1961, S. 138-147.

ders.: Zu den Entwicklungstendenzen im Bereiche der Bundeshauptstadt. Raumforschung und Raumordnung, 23. Jg., Heft 4, 1965, S. 198-222.

FELKEL, K.: Die Wechselbeziehung zwischen der Morphogenese und dem Ausbau des Oberrheins. Jahresberichte u. Mitt. d. Oberrh. Geolog. Ver. N.F. 54, 1972, S. 23-44.

FINKE, H.A.: Soziale Gemeindetypen. Die soziologische Struktur der Gemeinden zwischen Elbe und Weser. Das deutsche Flüchtlingsproblem. Sonderheft der Zeitschrift für Raumforschung 1950, S. 116-129.

FITZAU, A.: Geographische Neuigkeiten, allgemeine Geographie. Geographische Zeitschrift, Nr. 5, 1899, S. 48-50.

FLASKÄMPFER, P.: Grundriß der Sozialwissenschaftlichen Statistik. Teil II/Bd. 1: Bevölkerungsstatistik. Hamburg 1962.

FLOHN, H.: Witterung und Klima in Mitteleuropa. 2. Aufl.. Forschungen zur deutschen Landeskunde Bd. 78, Stuttgart 1954.

FRANZ, P.: Soziologie der räumlichen Mobilität. Eine Einführung. Frankfurt/M. 1984.

FRICKE, W.: Die Bevölkerungs- und Siedlungsentwicklung im Rhein-Neckar-Raum unter besonderer Berücksichtigung der suburbanen Prozesse. Festschrift zum 43. Deutschen Geographentag in Mannheim, Mannheim 1981, S. 207-228.

FRIEDRICHS, J.: Methoden empirischer Sozialforschung. Reinbek bei Hamburg 1973.

ders. u. H.-G. v. ROHR: Ein Konzept der Suburbanisierung. Veröffentlichungen der Akademie für Raumforschung und Landesplanung, Forschungs- und Sitzungsberichte, Bd. 102, 1975, S.25-37.

FÜRST, G.: Stadt und Land in der Methodik der Statistik. Allgemeines Statistisches Archiv, Bd. 20, 1930, S. 484-499.

GAEBE, W./W. MIODEK: Die Entwicklungsdynamik der Gemeinden Baden-Württembergs mit mehr als 5.000 Einwohnern 1871-1975. Mannheimer Geographische Arbeiten, Heft 12, 1981, S. 37-82.

GANSER, K.: Sozialgeographische Gliederung der Stadt München aufgrund der Verhaltensweisen der Bevölkerung bei politischen Wahlen. Münchner Geographische Hefte, Heft 28, 1966.

ders.: Pendelwanderung in Rheinland-Pfalz; Struktur, Entwicklungsprozesse und Raumordnungskonsequenzen. Hrsg. v. d. Staatskanzlei Rheinland-Pfalz, Mainz 1969.

GASSERT, G.: Die berufliche Struktur der deutschen Großstädte. Heidelberg 1907.

GATZWEILER, H.-P.: Die altersspezifische Selektivität von Wanderungen als Folge regional ungleichwertiger Lebensbedingungen. Geographische Rundschau, 28. Jg., Heft 5, 1976, S. 186-194.

GEIGER, M.: Wetter und Klima in der Pfalz. Pfälzische Landeskunde, hrsg. v. M. Geiger, G. Preuß u. K.-H. Rothenberger, Bd. 1, 1981, S. 67-94.

GORKI, H. F.: Darstellungsmöglichkeiten am Strukturdreieck. Raumforschung und Raumordnung, Heft 1, 1970, S. 22-25.

GRADMANN, R.: Das ländliche Siedlungswesen des Königreiches Württemberg. Forschungen zur deutschen Landes- und Volkskunde XXI, Stuttgart 1913, 2. Aufl. 1926, S. 1-136.

ders.: Die städtischen Siedlungen des Königreiches Württemberg. Forschungen zur deutschen Landes- und Volkskunde, Bd. XXI, 2. Aufl., Stuttgart 1926, S. 137-215.

GRIMM, F., HÖNSCH, I. u. R. KRÖNERT: Stadtklassfikation auf empirisch-konventionellem Wege und mittels Faktorenanalyse und Dendrogrammen - ein Vergleich der Methoden und Ergebnisse. Petermanns Geographische Mitteilungen, Heft 2, 1976, S. 116-119.

GUST, D.: Die raumplanerische Gliederung der Region Rheinpfalz. Pfälzische Landeskunde, hrsg. v. M. Geiger, G. Preuß u. K.-H. Rothenberger, Bd. 1, 1981, S. 295-314.

HAGEL, J.: Zentrale Orte und ihre Versorgungsbereiche. Sozial- und Wirtschaftsgeographie 1, 1. Aufl., München 1980, S. 327-339.

ders.: Raumordnung und Landesentwicklung. Sozial- und Wirtschaftsgeographie 2, 1. Aufl., München 1982, S. 277-324.

HAGGETT, P.: Einführung in die kultur- und sozialgeographie Regionalanalyse. Berlin 1973.

HAHLWEG, H.: Die Gemeindetypenkarte 1961 für Baden-Württemberg. Raumforschung und Raumordnung, 26. Jg., Heft 2, 1968, S. 68-74.

HAHN, H.: Geographie und Konfession. Ein Beitrag zur Sozialgeographie des Tecklenburger Landes. Berichte zur deutschen Landeskunde 11, 1952, S. 107-126.

Handwörterbuch der Raumforschung und Raumordnung. Akademie für Raumforschung und Landesplanung, 2. Aufl., Hannover 1970.

HARTKE, W.: Die geographischen Funktionen der Sozialgruppe der Hausierer am Beispiel der Hausierergemeinden Süddeutschlands. Festschrift Friedrich Huttenlocher, Berichte zur deutschen Landeskunde, Bd. 31, 1963, S. 209-232.

HASENFRATZ, E.: Zum Wandel der Agrarstruktur östlich des Donnersbergs. Pfälzische Landeskunde, hrsg. v. M. Geiger, G. Preuß u. K.-H. Rothenberger, Bd. 1, 1981, S. 335-358.

ders.: Entwicklungstendenzen ländlicher Gemeinden im Donnersberg-Umland nach 1950. Pfälzische Landeskunde, hrsg. v. M. Geiger, G. Preuß u. K.-H. Rothenberger, Bd. 1, 1981, S.315-334.

ders.: Zur Bevölkerungsbewegung einiger Gemeinden im östlichen Donnersberg-Umland. Festschrift zum 43. Deutschen Geographentag in Mannheim, Mannheim 1981, S. 383-396.

HAUBNER, K.: Methoden zur Raumgliederung, insbesondere im Bereich von Stadt und Umland. Akademie für Raumforschung und Landesplanung, Forschungs- und Sitzungsberichte, Bd. 14, 1960, S. 113-145.

HEILAND, I.: Nichtnumerische Datenverarbeitung und Terminologie in der Raumordnung, Informationen, 21. Jg., Nr. 4, 1971, S. 77-89.

HELLBERG, H.: Der suburbane Raum als Standort von privaten Dienstleistungseinrichtungen. Veröffentlichungen der Akademie für Raumforschung und Landesplanung, Forschungs- und Sitzungsberichte Bd. 102, 1975, S. 123-148.

ders., v. ROHR, H.-G. u. J. UHLMANN: Bevölkerungs- und Arbeitsplatzabnahme in peripheren ländlichen Regionen - Konzepte und Maßnahmen einer stabilisierungsorientierten Entwicklungssteuerung - Literaturanalyse. GEWOS, Hamburg 1979.

HELLER, W.: Zum Begriff der Urbanisierung. Neues Archiv für Niedersachsen, Bd. 22, Heft 4, 1973, S. 374-382.

HEMPEL, C.G./P. OPPENHEIM: Der Typenbegriff im Lichte der neuen Logik. Leiden 1936.

HEMPEL, C.G.: Typologische Methoden in den Sozialwissenschaften. In: E. Topitsch (Hrsg.) Logik der Sozialwissenschaften, 2. Aufl., Köln, Berlin 1965, S. 85-103.

HENNING, F.-W.: Wirtschafts- und Sozialgeschichte. Bd. 2: Die Industrialisierung in Deutschland 1800 bis 1914. 5. Aufl., Paderborn 1979. Bd. 3: Das industrialisierte Deutschland 1914 bis 1978. 5. Aufl., Paderborn 1979.

HERDEN, W.: Suburbanisierungsprozesse in der nördlichen Vorderpfalz. Pfälzische Landeskunde, hrsg. v. M. Geiger, G. Preuß u. K.-H. Rothenberger, Bd. 1, 1981, S. 273-294.

ders. u. Ch. JENTSCH: Westliches Hinterland von Ludwigshafen. Exkursionen zum 43. Deutschen Geographentag. Mannheimer Geographische Arbeiten, Heft 9, 1981, S. 19-36.

HESSE, P.: Die Gemeindetypenkarte. Raumforschung und Raumordnung 1950, S. 63-67.

ders.: Darstellung von funktionalen Siedlungstypen. Geographisches Taschenbuch 1950, Stuttgart 1950, S. 243-246.

ders.: Über die Typologie des Raumes. Berichte zur deutschen Landeskunde, Bd. 9, 1950, S. 37-44.

ders.: Der Strukturwandel der Siedlungskörper und die Landesentwicklung in Baden-Württemberg zwischen 1939 und 1961. Jahrbücher für Statistik und Landeskunde von Baden-Württemberg, 9. Jg., Jahresband 1963 (1965), S. 3-114.

HETTNER, A.: Über bevölkerungsstatistische Grundkarten. Geographische Zeitschrift, 6. Jg., Heft 4, 1900, S. 185-192.

ders.: Die wirtschaftlichen Typen der Ansiedlungen. Geographische Zeitschrift, 8. Jg., 1902, S. 92-100.

HEYDE, J.E.: Typen, ein Beitrag zur Typologik. Studium Generale, 5. Jg., 1952, S. 235.

HILDENBRAND, M.: Entwicklung des Fremdenverkehrs in der Westpfalz. Pfälzische Landeskunde, hrsg. v. M. Geiger, G. Preuß u. K.-H. Rothenberger, Bd. 1, 1981, S. 447-464.

HÖHL, G.: Fränkische Städte und Märkte im geographischen Vergleich. Versuch einer funktionell-phänomenologischen Typisierung, dargestellt am Raum von Ober-, Unter- und Mittelfranken. Forschungen zur deutschen Landeskunde, Bd. 139, 1962.

HÖHN, C.: Entwicklung der Säuglingssterblichkeit und ihre Einflußgrößen. Ergebnis einer Sonderauszählung für das Jahr 1973. Wirtschaft und Statistik, Heft 1, 1978, S. 30-37.

HOFFMANN, F.: Landeskunde und Statistik. Gedanken zum Frage- und Auswerteprogramm der wichtigsten kommenden Zählungen. Berichte zur deutschen Landeskunde, Bd. 7, 1949/50, S. 55-76.

HOFMEISTER, B.: Die Stadtstruktur. Ihre Ausprägung in den verschiedenen Kulturräumen der Erde. Erträge der Forschung Bd. 132, Darmstadt 1980.

ders. u. A. STEINECKE (Hrsg.): Geographie des Freizeit- und Fremdenverkehrs. Wege der Forschung Bd. 592, Darmstadt 1984.

HOLLMANN, H.: Statistische Grundlagen der Regionalplanung. Veröffentlichungen der Akademie für Raumforschung und Landesplanung, Beiträge Bd. 3, 1968.

HORSTMANN, K.: Die Vergewerblichung. Ein Hilfsmittel zur Unterscheidung von Stadt und Land. Raumforschung und Raumordnung 2, 1938, S. 110-119.

HÜFNER, W.: Wirtschaftliche Gemeindetypen. Forschungs- und Sitzungsberichte der Akademie für Raumforschung und Landesplanung, Bd. 3, Raum und Wirtschaft, Bremen 1953, S. 43-57.

HUTTENLOCHER, F.: Funktionale Siedlungstypen. Berichte zur deutschen Landeskunde, Bd. 7, 1949/50, S. 76-86.

ders.: Zur Frage der Gemeindetypen. Erdkunde, 9. Jg., 1955, S. 322-325.

ders.: Sozialgeographische Räume. Studium Generale, 10. Jg., Heft 10, 1957, S. 589-601.

IPSEN, G.: Bevölkerungslehre. In: Handwörterbuch des Grenz- und Auslandsdeutschtums, Bd. 1, Breslau 1933, S. 437.

ISBARY, G.: Problemgebiete im Spiegel politischer Wahlen am Beispiel Schleswigs. Mitteilungen aus dem Institut für Raumforschung, Heft 43, Bad Godesberg 1960.

ISENBERG, G.: Die Verteilung der Bevölkerung und der Berufe auf die Strukturtypen der Städte im neuen Osten. Raumforschung und Raumordnung 1941, S. 134-148.

ders.: Tragfähigkeit und Wirtschaftsstruktur. Bremen-Horn 1953.

JÄGER, H.: Die Ziegelindustrie um Jockrim und Rheinzabern. Veröffentlichungen der Pfälzischen Gesellschaft zur Förderung der Wissenschaften, Bd. 57, Speyer 1968.

JENTSCH, Ch.: Die Bevölkerungsverhältnisse des Birkenfelder Landes zwischen 1817 und 1961. Arbeiten aus dem Geographischen Institut der Universität des Saarlandes, Bd. VIII, 1963, S.108-130.

ders.: Einige Daten zur Bevölkerungsgeographie des Saargaues und der Nachbargebiete. Arbeiten aus dem Geographischen Institut der Universität des Saarlandes, Bd. VIII, 1963, S. 58-70.

JENTSCH, Ch.: Saarpfälzischer Verkehrsknotenpunkt Homburg. Das Saarland in Karte und Luftbild, Neumünster 1974, S. 118f.

ders. Merkmale und neuere Tendenzen der Landwirtschaft im Rhein-Neckar-Raum. Festschrift zum 43. Deutschen Geographentag in Mannheim, Mannheim 1981, S. 191-206.

ders. u. M. LIEDTKE: Das Saarland - Landesnatur, Geschichte und Wirtschaft. Das Saarland in Karte und Luftbild, Neumünster 1974, S. 11-25.

KEMPER, F.-J., ECKERMANN, D., HEINS, F. u. A. MAAS: Das Bevölkerungspotential der Bundesrepublik Deutschland. Raumforschung und Raumordnung, Heft 3/4, 1979, S. 175-183.

KERMANN, J.: Die Industrialisierung der Pfalz im 19. Jahrhundert. Pfälzische Landeskunde, hrsg. v. M. Geiger, G. Preuß u. K.-H. Rothenberger, Bd. 3, 1981, S. 280-304.

KEYSER, E. (Hrsg.): Städtebuch Rheinland-Pfalz und Saarland. Stuttgart 1964 (=Dt. Städtebuch Bd. IV, 3).

KILCHENMANN, A. u. W. MOERGELI: Typisierung der Gemeinden im Kanton Zürich mit multivariaten statistischen Methoden auf Grund ihrer wirtschaftsgeographischen Struktur. Vierteljahresschrift der Naturforschenden Gesellschaft in Zürich, 115, 1970, S. 369-394.

KLASEN, J.: Protestanten, Katholiken - Beziehungen zwischen Konfession, Wirtschafts- und Sozialstruktur in der BR Deutschland. Praxis Geographie, Heft 7, 1983, S. 17-21.

KLINGBEIL, D.: Zur sozialgeographischen Theorie und Erfassung des täglichen Berufspendelns. Geographische Zeitschrift, 57, 1969, S. 108-131.

KLÖPPER, R./C. RATHJENS: Die wirtschaftsräumlichen Einheiten im Raume Saar-Nahe-Rhein. Berichte zur deutschen Landeskunde, Bd. 25, 1960, S. 30-69.

KLOEVEKORN, F.: Geschichte des saarländischen-lothringischen Eisenhüttenwesens. Schriftenreihe Nr. 3 des Saarländischen Heimat- und Kulturbundes, Saarbrücken 1958.

KOCH, R.: Das Bundesraumordnungsprogramm - Aufgabe und Inhalt. Geographische Rundschau, 28. Jg., Heft 1, 1976, S. 1-4.

ders.: Atlas zur Raumentwicklung. Ein Beispiel für problemorientierte Information über Raumordnung. Geographische Rundschau, 28. Jg., Heft 5, 1976, S. 196-198.

KÖCK, H.: Das zentralörtliche System von Rheinland-Pfalz. Forschungen zur Raumentwicklung, Bd. 2, 1975.

KÖLLMANN, W.: Verstädterung. Der Mensch in der Großstadt. Eine Vortragsreihe. Stuttgart 1960, S. 25-40.

ders. u. P. MARSCHALK (Hrsg.): Bevölkerungsgeschichte. Neue Wissenschaftliche Bibliothek Bd. 54, Köln 1972.

KRAUSE, J.: Die Kreisstädte am Rande des rhein-mainischen Verstädterungsgebietes. Rhein-Mainische Forschungen, Heft 58,1966.

KRETSCHMER, E.: Der Typus als erkenntnistheoretisches Problem. Studium Generale, 4. Jg. 1951, S. 399ff.

KRIZ, J.: Statistik in den Sozialwissenschaften. Einführung und kritische Diskussion. Reinbek b. Hamburg 1973.

KULINAT, K.: Die Gemeindetypenkarte 1960/61 für Niedersachsen, 14, Heft 2, 1965, S. 114-122.

KULS, W. (Hrsg.): Untersuchungen zur Struktur und Entwicklung rheinischer Gemeinden. Arbeiten zur Rheinischen Landeskunde, Heft 32, 1971.

ders. (Hrsg.): Probleme der Bevölkerungsgeographie. Wege der Forschung Bd. CCCCLXVIII, Darmstadt 1978.

ders.: Bevölkerungsgeographie. Eine Einführung. Stuttgart 1980.

Landkreis Kaiserslautern. Monographie einer Landschaft. Trautheim, Mainz 1961.

Landkreis Kusel. Monographie einer Landschaft. Trautheim 1959.

Landkreis Rockenhausen. Monographie einer Landschaft. Trautheim Mainz 1957.

Landkreis Bergzabern. Monographie einer Landschaft. Trautheim 1962.

Landkreis Landau. Monographie einer Landschaft. Trautheim, Mainz 1964.

LAUTENSACH, H.: Über die Begriffe Typus und Individuum in der geographischen Forschung. Münchner Geographische Hefte, Heft 3, 1953.

LAUTENSACH-LÖFFLER, E.: Die westpfälzische Großgemeinde Ramstein im Spiegel der sozialen Umschichtung. Stuttgarter Geographische Studien, Bd. 69, 1957, S. 181-198.

LEHMANN, E.: Zur Methodenlehre der thematischen Kartographie unter den Aspekten neuer interdisziplinärer Wissenschaften. Vermessungstechnik, 19. Jg., Heft 1, 1971, S. 1-6.

LEHMANN, H.: Zur Entwicklung der Gemeindetypisierung 1950-52. Forschungs- und Sitzungsberichte der Akademie für Raumforschung und Landesplanung, Bd. 3, Raum und Wirtschaft, Bremen-Horn 1952, S. 122-141.

LENORT, N. J.: Strukturforschung und Gemeindeplanung. Köln-Opladen 1960.

LESER, H.: Wirtschaftsgeographische Übersichtskarte. Textband zum Pfalzatlas, 6. Heft, hrsg. v. W. Alter, Speyer 1967, S.225-236.

LIEDTKE, H.: Die geomorphologische Entwicklung der Oberflächenformen des Pfälzer Waldes und seiner Randgebiete. Arbeiten aus dem Geographischen Institut der Universität des Saarlandes. Sonderband 1, 1968.

ders.: Zweibrücken-Burg, Residenz, Garnison. Topographischer Atlas Rheinland-Pfalz, Neumünster 1973, S. 140f.

ders.: Weinbaustadt Edenkoben. Topographischer Atlas Rheinland-Pfalz, Neumünster 1973, S. 150f.

ders.: Pirmasens, deutsche Schuhmetropole auf sieben Hügeln. Topographischer Atlas Rheinland-Pfalz, Neumünster 1973, S.136f.

ders.: Die Sickingenstadt Landstuhl. Topographischer Atlas Rheinland-Pfalz, Neumünster 1973, S. 120f.

ders.: Zweibrücken - am Rand des Westrich. Das Saarland in Karte und Luftbild, Neumünster 1974, S. 120f.

ders.: Der hintere Bliesgau. Das Saarland in Karte und Luftbild, Neumünster 1974, S. 130f.

ders.: Zweibrücken. Neuer Luftbildatlas Rheinland-Pfalz, Sonderausgabe, Neumünster 1984, S. 120f.

ders.:, HEPP, K.-H. u. Ch. JENTSCH: Das Saarland in Karte und Luftbild. Ein Beitrag zur Landeskunde. Neumünster 1974.

ders., G. SCHARF u. W. SPERLING: Topographischer Atlas Rheinland-Pfalz. Neumünster 1973.

LINDAUER, G.: Beiträge zur Erfassung der Verstädterung in ländlichen Räumen. Mit Beispielen aus dem Kochertal. Stuttgarter Geographische Studien Bd. 80, 1970.

LINDE, H.: Grundfragen der Gemeindetypisierung. Forschungs- und Sitzungsberichte der Akademie für Raumforschung und Landesplanung, Raum und Wirtschaft, Bremen-Horn 1952, S. 58-121.

ders.: Gemeindetypen in Niedersachsen. Neues Archiv für Niedersachsen, 6, 1953, S. 116-123.

LOOSE, R.: Winnweiler - Ein aufstrebendes Zentrum im Nordpfälzer Wirtschaftsraum. In: Pfälzer Heimat, Heft 1, 1980, S.11-20.

ders.: Bergbau und Bevölkerung am Donnersberg um 1780/90. Jahrbuch für westdeutsche Landesgeschichte, 6, 1980, S. 157-185.

ders.: Bevölkerungsverhältnisse im ehemaligen Landkommissariat Kaiserslautern 1852. Festschrift zum 43. Deutschen Geographentag in Mannheim, Mannheim 1981,S. 371-382.

LORCH, I.: Fortschritt und Beharrung in der Kulturlandschaft entlang der südlichen Weinstraße. Mannheimer Geographische Arbeiten, Heft 1, 1977, S. 233-257.

LOSCH, H.: Einige Bemerkungen über Wirtschaftsstatistik, Wirtschaftsgeographie und kartographische Darstellung. Geographische Zeitschrift, 7. Jg., Heft 8, 1901, S. 425-434.

MACKENROTH, G.: Bevölkerungslehre. Theorie, Soziologie und Statistik der Bevölkerung. Berlin, Göttingen, Heidelberg 1953.

MAIER, J.: Geographie der Freizeitstandorte und des Freizeitverhaltens. In: Sozial- und Wirtschaftsgeographie 2, 1. Aufl., München 1982, S. 160-273.

MATTHES, J.: Religion und Gesellschaft. Einführung in die Religionssoziologie I. Reinbek b. Hamburg 1967.

MAULL, O.: Die Bedeutung der Grenzgürtelmethode für die Raumforschung. Zeitschrift für Raumforschung, Heft 6/7, 1950, S. 236-242.

MAYER, K.: Bevölkerungslehre und Demographie. Handbuch der empirischen Sozialforschung, hrsg. v. R. König, 3. Aufl., Stuttgart 1974, S. 1-50.

MEYER, K.: Ordnung im ländlichen Raum. Grundlagen und Probleme der Raumplanung und Landesentwicklung. Stuttgart 1964.

MEYER-KÖNIG, A.: Der Strukturwandel der Gemeinden. Informationen des Instituts für Raumforschung 1956, S. 221-231.

MEYNEN, E., KLÖPPER u. J. KÖRBER: Rheinland-Pfalz in seiner Gliederung nach zentralörtlichen Bereichen. Forschungen zur deutschen Landeskunde, Bd. 100, Remagen 1957.

MITTELHÄUSER, K.: Funktionale Typen ländlicher Siedlungen auf statistischer Basis. Berichte zur deutschen Landeskunde, Bd. 24, 1959/60, S. 145-156.

MOEWES, W.: Gemeindetypisierung nach dynamisch strukturellen Lagetypen (erläutert am regionalen Beispiel der nördlichen Vogelsbergabdachung). Informationen des Instituts für Raumordnung, Jg. 1968, S. 37-55.

MORGEN, H.: Soziale und soziologische Strukturwandlungen im ländlichen Raum und ihre Beziehungen zur Raumordnung. Raumforschung und Raumordnung, 26. Jg., Heft 3-4, 1968, S. 106-118.

MÜLLER, H. J.: Methoden zur regionalen Analyse und Prognose. Veröffentlichungen der Akademie für Raumforschung und Landesplanung. Taschenbücher zur Raumplanung Bd.1, 2. Aufl., Hannover 1976.

NEBE, J. M.: Regionale und soziale Unterschiede der "Lebensqualität" im Bundesgebiet. Geographische Rundschau, 28. Jg., Heft 5, 1976, S. 178-185.

NELLNER, W.: Die Entwicklung der inneren Struktur und Verflechtung in Ballungsgebieten; dargestellt am Beispiel der Rhein-Neckar-Agglomeration. Veröffentlichungen der Akademie für Raumforschung und Landesplanung, Beiträge Bd. 4, 1969.

NELSON, H. J.: A Service Classification of American Cities. Economic geography. Vol. 31, No. 3, 1955, S. 189-210.

NITZ, H.-J.: Die Orts- und Flurformen der Pfalz. Textband zum Pfalzatlas, 6. Heft, hrsg. v. W. Alter, Speyer 1967, S. 204-224 u. Karte Nr. 38.

NORCLIFFE, G. B.: Schließende Statistik für Geographen. Eine Einführung. Übers. von T. Teyssen. Berlin, Heidelberg, New York 1981.

OEST, K.: Thematische Karten für die Agrarstrukturplanung. Untersuchungen zur thematischen Kartographie Tl. 1. Forschungs- und Sitzungsberichte der Akademie für Raumforschung und Landesplanung, 51, 1969, S. 107-128.

OFNER, R.: Allgemeine Typologie der Gemeinden. Schriftenreihe der österreichischen Gesellschaft zur Förderung von Landesforschung und Landesplanung, Bd. 1, 1955, S. 39-85.

OTREMBA, E.: Grundsätze und Methoden der wirtschaftsräumlichen Gliederung. Allgemeines Statistisches Archiv, 42, 1958, S. 368-375.

PAUL, R.: Auswanderungen aus der Pfalz vom 18. Jahrhundert bis zur Mitte des 20. Jahrhunderts. Pfälzische Landeskunde, hrsg. v. M. Geiger, G. Preuß u. K.-H. Rothenberger, Bd. 3, 1981, S. 221-243.

PEMÖLLER, A.: Die naturräumliche Einheit auf Blatt 160 Landau i. d. Pfalz. Bad Godesberg 1969 (= Geogr. Landesaufnahme 1 : 200.000. Naturräumliche Gliederung Deutschlands).

ders.: Wörth am Rhein. Geographische Rundschau, 24, 1972, S. 135-141.

PEMÖLLER, A.: Landkreis Landau-Bad Bergzabern. Landau 1975.

ders.: Wörth am Rhein, Montagewerk der Daimler-Benz AG. Neuer Luftbildatlas Rheinland-Pfalz, Sonderausgabe, Neumünster 1984, S. 132f.

ders.: Landau in der Pfalz - Innenstadt. Neuer Luftbildatlas Rheinland-Pfalz, Sonderausgabe, Neumünster 1984, S. 136f.

ders.: Steinfeld-Westwallreste. Neuer Luftbildatlas Rheinland-Pfalz, Sonderausgabe, Neumünster 1984, S. 138f.

Planungsgemeinschaft Rheinpfalz: Regionaler Raumordnungsplan "Rheinpfalz, Raum Vorderpfalz", Ludwigshafen, 1980.

Planungsgemeinschaft Südpfalz: Regionaler Raumordnungsplan "Südpfalz", Germersheim, 1971.

Planungsgemeinschaft Westpfalz: Regionaler Raumordnungsplan "Westpfalz", Kaiserslautern, 1973.

PLEWE, E.: Zum Problem der sozialgeographischen Gliederung der Vorderpfalz. Berichte zur deutschen Landeskunde, Bd. 35, 1965, S. 311-330.

QUANTE, P.: Lehrbuch der praktischen Statistik. Bevölkerungs-Wirtschafts-Sozialstatistik. Berlin 1961.

RASE, W.-D.: Gemeindetypen des Saarlandes. Analyse räumlicher Strukturen mit multivariaten statistischen Methoden. Geographische Rundschau, Jg. 26, 1974, S. 391-399.

REH, K.: Elmstein-Appenthal im Pfälzerwald. Neuer Luftbildatlas Rheinland-Pfalz, hrsg. v. W. Sperling u. E. Strunk, Neumünster 1972, S. 126f.

ders.: Trippstadt im Pfälzerwald. Luftbildatlas Bundesrepublik Deutschland, hrsg. v. U. Muuß, München u. Neumünster 1972, S. 98f.

ders.: Der Pfälzerwald und seine forstwirtschaftliche Nutzung. Geographische Rundschau, Bd. 14, 1972, S. 169-177.

ders.: Der Pfälzerwald in forstgeographischer Betrachtung. Pfälzische Landeskunde, hrsg. v. M. Geiger, G. Preuß u. K.-H. Rothenberger, Bd. 1, 1981, S. 389-420.

ders.: Der Pfälzerwald - eine Einführung in Landschaft und Namengebung. Pfälzische Landeskunde, hrsg. v. M. Geiger, G. Preuß u. K.-H. Rothenberger, Bd. 1, 1981, S. 379-387.

ders.: Kaiserslautern. Neuer Luftbildatlas Rheinland-Pfalz, Sonderausgabe, Neumünster 1984, S. 118f.

REH, K., WAGNER, F. L. u. K.P. WESTRICH: Landkreis Kaiserslautern. Bonn 1968.

RIEHL, W.H.: Die Pfälzer. Stuttgart/Augsburg 1857, Nachdruck Kaiserslautern 1964.

Raumordnungsverband Westpfalz: Regionaler Raumordnungsplan Westpfalz, 1-4, Kaiserslautern 1969/70.

ROTHER, L.: Geographie der städtischen Siedlungen. In: Sozial- und Wirtschaftsgeographie 1, 1. Aufl., München 1980, S.237-326.

RUPPERT, K.: Das Problem der sozialgeographischen Differenzierung der Agrarlandschaft. Münchner Geographische Hefte, H. 19, 1960, S. 5-26.

ders.: Der Lebensunterhalt der bayrischen Bevölkerung - eine wirtschaftsgeographische Planungsgrundlage. Erdkunde, Bd. 19, 1965, S. 285-291.

SAENGER, W.: Funktionale Gemeindetypisierung und Landschaftsgliederung. Zu einer Gemeindetypenkarte der Landkreise Emmendingen, Freiburg, Müllheim, Lörrach und Säckingen. Berichte zur deutschen Landeskunde, Bd. 31, 1963, S. 184-196.

SCHAEFFER, M.: Untersuchungen über Migrationsprozesse in der nördlichen Vorderpfalz im Zeitraum 1967-1971. Geographische Staatsexamensarbeit, Heidelberg 1977.

SCHÄFERS, B.: Sozialstruktur und Wandel der Bundesrepublik Deutschland. Ein Studienbuch zu ihrer Soziologie und Sozialgeschichte. Stuttgart 1976.

SCHAFFER, F.: Prozeßtypen als sozialgeographisches Gliederungsprinzip. Mitteilungen der Geographischen Gesellschaft München, 56, 1971, S. 33-52.

ders. u. W. POSCHWATTA: Die Wohnfunktion - Ansätze einer sozialgeographischen Typisierung. Hefte zur Fachdidaktik der Geographie, Heft 4, 1977, S. 3-37.

SCHEFER, A.: Die neun Regionen in Rheinland-Pfalz. Institut für Raumforschung. Informationen, 17. Jg., Nr. 8, 1967, S. 271-284.

ders.: Raumplanerisches Verfahren in Rheinland-Pfalz. Informationen zur Raumentwicklung, Heft 2/3, 1979, S. 157-167.

SCHLIEPHAKE, K.: Verkehrsgeographie. In: Sozial- und Wirtschaftsgeographie 2, 1. Aufl., München 1982, S. 39-156.

SCHMID, J.: Einführung in die Bevölkerungssoziologie. Reinbek b. Hamburg 1976.

SCHMIDT, K.L.: Agrargeographie der Sickinger Höhe und des Holzlandes. Beiträge zur Landespflege in Rheinland-Pfalz, Heft 2, Kaiserslautern 1970.

SCHMIDT, K.L.: Speyer und Umgebung. Topographischer Atlas Rheinland-Pfalz, Neumünster 1973, S. 162f.

ders.: Hausierergemeinde Carlsberg. Neuer Luftbildatlas Rheinland-Pfalz, Sonderausgabe, Neumünster 1984, S. 130f.

SCHNEPPE, F.: Gemeindetypisierung. Handwörterbuch der Raumforschung und Raumordnung. Hannover 1966, Sp. 572-582.

ders.: Gemeindetypisierungen auf statistischer Grundlage - Die wichtigsten Verfahren und ihre methodischen Probleme. Veröffentlichungen der Akademie für Raumforschung und Landesplanung, Beiträge Bd. 5, 1970.

SCHÖLLER, P.: Leitbegriffe zur Charakterisierung von Sozialräumen. Münchner Studien zur Sozial- und Wirtschaftsgeographie, 4, 1968, S. 177-184.

ders. (Hrsg.): Zentralitätsforschung. Wege der Forschung Bd. CCCI, Darmstadt 1972.

SCHÖTTLER, H.: Das Zentral-Orte-System der Pfalz. Pfälzische Landeskunde, hrsg.v. M. Geiger, G. Preuß u. K.-H. Rothenberger, Bd. 1, 1981, S. 129-156.

SCHRÖDER, K.-H.: Weinbau und Siedlung in Württemberg. Forschungen zur deutschen Landeskunde, Bd. 73, Remagen 1953.

SCHROEDER-LANZ, H.: Kusel- eine alte Kleinstadt im Glanbergland. Neuer Luftbildatlas Rheinland-Pfalz, Sonderausgabe, Neumünster 1984, S. 114f.

SCHUPP, H.: Zur Morphologie des mittleren Westrich. Mitteilungen der Pollichia, 3. Reihe, Bd. 9, 1962, S. 75-196.

SCHWARZ, G.: Allgemeine Siedlungsgeographie. 3. Aufl. Berlin 1966 (=Lehrbuch der allgemeinen Geographie, hrsg. v. E. Obst, Bd. 6).

SCHWARZ, K.: Meßzahlen zur Beurteilung der räumlichen Verteilung der Bevölkerung im Bundesgebiet. Wirtschaft und Statistik 1970, S. 337-342.

ders.: Methoden der Bevölkerungsvorausschätzung unter Berücksichtigung regionaler Gesichtspunkte. Veröffentlichungen der Akademie für Raumforschung und Landesplanung. Taschenbücher zur Raumplanung Bd. 3, Hannover 1975.

SCHWIDETZKY, I.: Grundzüge der Völkerbiologie. Stuttgart 1950.

SCHWIND, M. (Hrsg.): Religionsgeographie. Wege der Forschung Bd. CCCXCVII, Darmstadt 1975.

ders.: Typisierung der Gemeinden nach ihrer sozialen Struktur als geographische Aufgabe. Berichte zur deutschen Landeskunde, 8. Bd., 1950, S. 53-68.

SMITH, D.M.: Patterns in Human Geography. New York 1975.

SOMBART, W.: Der Begriff der Stadt und das Wesen der Städtebildung. Archiv f. Sozialwissenschaft u. Sozialpolitik, Tübingen 1925 (1970).

SPEITEL, R.: Das Obere Queichtal. Berichte zur deutschen Landeskunde, Bd. 32, 1964, S. 188-207.

SPERLING, W. u. E. STRUNK: Neuer Luftbildatlas Rheinland-Pfalz, Sonderausgabe, Neumünster 1984.

SPIESS, E.: Eigenschaften von Kombinationen graphischer Variablen. Grundfragen der Kartographie, hrsg. v. der Österr. Geographischen Gesellschaft, redig. v. E. Arnberger, Wien 1970, S. 279-293.

SPITZER, H.: Die Landwirtschaft im suburbanen Raum. Veröffentlichungen der Akademie für Raumforschung und Landesplanung, Forschungs- und Sitzungsberichte, Bd. 102, 1975, S. 149-169.

SPUHLER, L.: Einführung in die Geologie der Pfalz. Veröffentlichungen der Pfälzischen Gesellschaft zur Förderung der Wissenschaften, Bd. 34, Speyer 1957.

STACHOWIAK, H.: Gedanken zu einer allgemeinen Theorie der Modelle. Studium Generale 18, 1965, S. 432-463.

STEINBERG, H.G.: Die Bevölkerungsentwicklung der Städte in den beiden Teilen Deutschlands vor und nach dem 2. Weltkrieg. Akademie für Raumforschung und Landesplanung. Forschungs- und Sitzungsberichte, Bd. 88, S. 265-298.

ders.: Methoden der Sozialgeographie und ihre Bedeutung für die Regionalplanung. Beiträge zur Raumplanung, hrsg. vom Zentralinstitut für Raumplanung an der Universität Münster, Bd. 2, Köln-Berlin-Bonn-München 1967.

ders.: Fragen einer sozialräumlichen Gliederung auf statistischer Grundlage. Raumforschung und Raumordnung, 22. Jg., Heft 2, 1964, S. 65-76.

ders.: Sozialräumliche Entwicklung und Gliederung des Ruhrgebietes. Forschungen zur deutschen Landeskunde, Bd. 166, 1967.

STERN, H.: Die Bodennutzungssysteme. Begriffsordnung, Abgrenzungen und Wert der Bodennutzungssysteme für ökonomische Betrachtungen. Berichte über Landwirtschaft, 1956, S. 471-487.

STEWART, J.Q.: Empirical mathematical rules concerning the distribution and equilibrium of population. The Geographical Review, 37, 1947, S. 461-485.

ders. u. W. WARNTZ: Macrogeography and social science. The Geographical Review, 48, 1958, S. 167-184.

STOLPMANN, E.: Strukturelle Entwicklung und Planungen im Raum Wörth. Topographischer Atlas Rheinland-Pfalz, Neumünster, 1973, S. 144f.

STRÖHLEIN, G.: Der Wandel der agrarsozialen Verhältnisse in der nördlichen Vorderpfalz. Geographische Rundschau, 24, 1972, S. 183-189.

THARUN, E.: Die Planungsregion Untermain - Zur Gemeindetypisierung und inneren Gliederung einer Verstädterungsregion. Rhein-Mainische Forschungen, Heft 81, 1975.

TICHY, F.: An den Grenzen des Weinbaues innerhalb der Pfalz. Eine geländeklimatologische Studie. Mitteilungen der Pollichia, III. Reihe, 2. Bd., 1954, S. 7-35.

TRAUTH, G.: Kaiserslautern. Berichte zur deutschen Landeskunde, Bd. 33, 1964, S. 59-61.

WALLESCH, W.: Das Landstuhler Bruch. Veröffentlichungen der Pfälzischen Gesellschaft zur Förderung der Wissenschaften, Bd. 52, 1966.

WEBER, M.: Die protestantische Ethik. Hrsgg. v. J. Winckelmann. Bd. 1: Eine Aufsatzsammlung. 2., durchges. u. erw. Aufl., München, Hamburg 1969. Bd. 2: Kritiken und Antikritiken. München, Hamburg 1968.

WEBER, P.: Geographische Mobilitätsforschung. Erträge der Forschung Bd. 179, Darmstadt 1982.

WERNER, F.: Gedanken über die Erkenntnisziele und Lehrinhalte der Kartographie. Geografiker, Heft 5, 1970, S. 15-27.

WILHELMY, H.: Kartographie in Stichworten, Heft III: Thematische Kartographie. 2. Aufl., Kiel 1972.

WINDHORST, H.-W.: Geographische Innovations- und Diffusionsforschung. Erträge der Forschung Bd. 189, Darmstadt 1983.

WIRTH, E.: Theoretische Geographie. Stuttgart 1979.

WITT, W.: Thematische Kartographie. Veröffentlichungen der Akademie für Raumforschung und Landesplanung, Abhandlungen Bd. 49, 1967.

ders.: Grenzlinien und Grenzgürtelmethode. In: Grundsatzfragen der Kartographie, redig. v. E. Arnberger, 1970, S. 294-307.

ders.: Bevölkerungskartographie. Veröffentlichungen der Akademie für Raumforschung und Landesplanung, Abhandlungen, Bd. 63, 1971.

ZILL, C.: Bildung der Gemeindetypen auf Grund der Berufszählungsergebnisse. Mitteilungen des Hessischen Landesstatistischen Amtes, 1942, S. 4-7, S. 44-48.

ZIMPEL, H.-G.: Bevölkerungsgeographie und Ökumene. In: Sozial- und Wirtschaftsgeographie 1, 1. Aufl., München 1980, S. 13-207.

Karten in Atlanten und Einzelkarten

Atlas Niedersachsen, Bremen 1950. Blatt 35: Gemeindetypen 1939.

Deutscher Planungsatlas, Bd. III, Schleswig-Holstein, Bremen-Horn 1960, Blatt 36: Gemeindetypen.

Deutscher Planungsatlas, Bd. IV, Land Hessen, Bremen-Horn 1960, Blatt 20: Wirtschaftliche Gemeindetypen 1950.

Deutscher Planungsatlas, Bd. V, Bayern, Bremen-Horn 1960, Blatt 47: Wirtschaftliche Gemeindetypen 1950.

Deutscher Planungsatlas. Bd. VI, Baden-Württemberg, Hannover 1969, Gemeindetypen 1961.

Deutscher Planungsatlas, Bd. VII, Rheinland-Pfalz, Hannover 1965, Blatt II, 28: Wirtschaftliche Gemeindetypen 1950, Blatt II, 29: Wirtschaftliche Gemeindetypen 1961.

Deutscher Planungsatlas, Bd. X, Saarland, Hannover 1965ff, Wirtschaftliche Gemeindetypen 1961.

Karten zur Orientierung regionaler Agrarpolitik. Blatt 43: Soziale Gemeindetypen 1939 und 1950 in Nordrhein-Westfalen und Rheinland-Pfalz, Forschungsgesellschaft für Agrarpolitik und Agrarsoziologie. Bonn o.J.

Die wirtschaftliche Grundstruktur der Gemeinden 1961. Niedersachsen. Niedersächsischer Minister des Innern, Hannover 1967.

Übersicht über die Bodengüte der landwirtschaftlich genutzten Flächen in der Bundesrepublik Deutschland. Maßstab: 1:1.000.000. Institut für Landeskunde in der Bundesanstalt für Landeskunde und Raumforschung, o.J.

Übersichtskarte der Bodentypengesellschaften von Rheinland-Pfalz 1:250.000, mit 18 S. Erl., Bearb. W. Th. Stöhr, hrsgg. v. Geologischen Landesamt Rheinland-Pfalz 1966.

Geologische Karte des Saar-Nahe-Berglandes und seiner Randgebiete 1:100.000. Bearb. v. G. Dreyer, W.R. Franke, K.R.G. Stapf. Geologisches Landesamt Rheinland-Pfalz, Mainz 1983.

Veröffentlichungen des Statistischen Landesamtes Rheinland-Pfalz

Gemeindestatistik Rheinland-Pfalz:
Teil I: Gebäude und Wohnungen, Bd. 220, 1968.
Teil II: Bevölkerung und Erwerbstätigkeit, Bd. 221, 1970.
Teil III: Nichtlandwirtschaftliche Arbeitsstätten, Bd. 222, 1970.
Teil IV: Landwirtschaft, Bd. 223, 1971/72
   A: Grunderhebung in der Land- und Forstwirtschaft.
   B: Vollerhebung in der Land- und Forstwirtschaft.
Teil V: Weitere Strukturdaten, Bd. 224.

Die Wohnbevölkerung der Gemeinden 2. Halbj./1971ff., halbjährl.

Die Bevölkerung in Rheinland-Pfalz, Bd. 228, 1970.

Haushalts- und Familienstruktur in Rheinland-Pfalz, Bd. 229, 1970 (Kreise).

Pendelwanderung und Arbeitszentren in Rheinland-Pfalz, 1970, Bd. 233.

Wohnplätze und sonstige Gemeindeteile in Rheinland-Pfalz, Bd. 226, 1970.

Weinbauerhebung 1972/73, Gemeindeergebnisse.

Der Weinbau in Rheinland-Pfalz 1950-1957, Bd. 55.

Der Weinbau in Rheinland-Pfalz 1964. Ergebnisse der EWG-Weinbaukatastererhebung 1964, Bd. 167.

Das Handwerk in Rheinland-Pfalz 1968, Bd. 215.

Gäste und Übernachtungen im Fremdenverkehr (monatl., halbjährl. u. jährl.) 1983.

Beherbergungskapazität für den Fremdenverkehr (jährl.) 1983.

8.0 Typenschemata und Verzeichnis der Gemeinden

B) 1) Typisierung der ET am Arbeitsort nach ihrer Zugehörigkeit zu den Wirtschaftsbereichen.

Typen-Bezeichnung	Symb.	Schwellenwerte i.v. H.		
		ET i.d. Land-u. Forstwirtsch.	ET i. Produz. Gewerbe	ET i. Handel, Verkehr u. Dienstl.
Agrar - Gmdn.	I	≥50		
Ländliche Dienstleistungs-Gmdn.	II	20<50	<15	35<80
Dienstleistungs-Gmdn.	III	<20		≥50
Ländliche Gewerbe- u. Dienstleistungs-Gmdn.	IV	20<50	<45	<35
Ländl. Gewerbe-u. Dienstleistungs-Gmdn. m.hervortret. Dienstleistungsfunktion	IVa	20<50	15<45	≥35
Gewerbe-u.Dienstl.-Gmdn.	V	<20		35<50
Ländl. Industrie-Gmdn.	VI	20<50	≥45	
Industrie - Gmdn.	VII	<20	≥45	<35

A) Typisierung der ET am Wohnort nach ihrer Stellung im Beruf

Typen-Bezeichnung	Abkürzung	Schwellenwerte i. v. H.		
		Selbständige u. mithelfende Familienangeh.	Beamte u. Angestellte	Arbeiter
Arbeiter-Gmde.	A			≥65
Arbeiter-Beamten-Angestellten-Gmde.	AB	<25	<30	<65
Beamten-Angest.-Arbeiter - Gmde.	BA		≥30	40<60
Beamten-Angestellten-Gmde.	B		≥30	<40
Bauern-Gmde.	L	≥40	<30	<40
Bauern-Arbeiter-Gmde.	LA	≥40		≥40
Arbeiter-Bauern-Gmde.	AL	25<40	<30	<65

B) 2) Weitere Unterscheidung der Agrargemeinden (≥ 50 % ET i.d. Land-u. Forstwirtschaft.

Symb.	Schwellenwerte i. v. H.			Typen - Bezeichnung
	Vollerwerbsbetr.	Nebenerwerbsbetr.	Zuerwerbsbetr.	
I a		< 35	< 15	A. m. zurücktret.Anteil der Neben-u.Zuerwerbsbetriebe
I b	≥ 50	< 35	≥ 15	A. m. bedeut. Anteil der Zuerwerbsbetriebe
I c		≥ 35	< 15	A. m. bedeut. Anteil der Nebenerwerbsbetriebe
I d		≥ 35	≥ 15	A. m. bedeut. Anteil der Neben-u.Zuerwerbsbetriebe
I e	< 50	< 35	≥ 15	A. m. bedeut.Anteil der Zuerwerbsbetriebe
I f		≥ 35	< 15	A. m. bedeut. Anteil der Nebenerwerbsbetriebe

B) 3) Als additive Komponente wird die Kulturpflanzengruppe nach Anbaugewicht und höchstem Anteil (i.v.H.) an der LF nach dem Verfahren von B. ANDREAE (1973) ermittelt und dazugestellt.

Kulturpflanzengruppe mit höchstem Anbaugewicht (Wägezahl x Anbaufläche i.v. H. der LF)	Kulturpflanzengruppe mit höchstem Anteil i.v.H. an der LF	Abkürzg.
Sonderkulturen	Sonderkulturen	SS
Sonderkulturen	Getreidebau	SG
Futterbau	Futterbau	FF
Futterbau	Getreidebau	FG
Hackfruchtbau	Futterbau	HF
Hackfruchtbau	Getreidebau	HG
Getreidebau	Getreidebau	GG

c) Berufspendler – Typen nach H. FEHRE 1961

Typen-Bezeichnung	Kurz-be-zeich-nung	Auspendler i.% der in der Gemeinde wohnhaften Erwerbstätigen	Einpendler arbeitenden	Auspendl./Einpendl.
Wohn – Arbeitsgemeinde	1	<25	<25	
<u>Wohn-Pendler-Gmdn.</u>		(Kein Pendleranteil übersteigt 50 %)		
Wohn-Auspendler-Gmdn.	2	25 bis 50		>2 : 1
Wohn-Wechselpendler-Gmdn.	3	25 bis 50	25 bis 50	2 : 1 – 1 : 2
Wohn-Einpendler-Gmdn.	4		25 bis 50	<1 : 2
<u>Pendlergemeinden</u>		(Mindestens ein Pendleranteil übersteigt 50 %)		
Auspendler – Gmdn.	5	>50		>2 : 1
Wechselpendler – Gmdn.	6	25 bis 50	25 bis 50	2 : 1 – 1 : 2
Einpendler – Gmdn.	7		>50	<1 : 2

D) Typisierung des Altersaufbaus

Typ	Schwellenwerte i. v. H.		
	<15 Jahre	15<60 Jahre	≥60 Jahre
a		≥56	<20
b	<24	<54	≥22
c		≥54	≥20
d	24<26	54<56	20<22
e		≥54	17<20
f		≥54	<17
g	≥24	<54	≥20
h		<54	<20

E) Ergänzende Kennzeichnungen

1) zur Zentralität (LEP 1978) :

    OZ   Oberzentrum
    MZ   Mittelzentrum
    MZT Mittelzentrum mit Teilfunktionen
    UZ   Unterzentrum
    v   Sitz einer Verbandsgemeinde-
         verwaltung (Stand 31.12.73)

2) zum Fremdenverkehr, unterschieden nach der Intensität in Übernachtungen / 100 Einwohner (1983)

Übernachtgn./ 100 Einw.	Heilbad	Luftkurort	Erholungsort	Fremdenverkehrsort
<500	-	-	E1	F1
500<1000	-	-	E2	F2
1000<2500	H3	L3	E3	F3
2500<5000	H4	L4	E4	F4
≥5000	-	-	E5	F5

Verzeichnis der Gemeinden

		(A)	(B)	(C)	(D)	(E)	
	≥ 50 000 Einw.						
1	Kaiserslautern	BA	III	4	a	OZ	
	Ludwigshafen a.Rh.	BA	VII	4	a	OZ	
	Neustadt a.d.W.	B	III	3	c	MZ	E1
	Pirmasens	BA	V	4	c	MZ	F1
	10 000 < 50 000 Einw.						
1	Frankenthal (Pfalz)	BA	VII	3	a	MZ	F1
	Landau i.d.Pfalz	B	III	4	a	MZ	F1
	Speyer	BA	III	4	a	MZ	F1
	Zweibrücken	BA	V	4	c	MZ	F1
	Bad Dürkheim	B	III	3	c	MZ	H3
2	Grünstadt	BA	V	4	a	MZ	F1
	Haßloch	BA	VII	2	f	UZ	F1
8	Schifferstadt	BA	V	5	a	MZT	F1
	5 000 < 10 000 Einw.						
3	Eisenberg	BA	VII	3	f	UZ v	
	Kirchheimbolanden	BA	V	4	c	MZ v	E2
	Bellheim	AB	VII	2	f	v	F1
	Germersheim	BA	III	4	a	MZ	F1
4	Kandel	BA	V	3	f	MZ* v	F1
	Rülzheim	AB	VII	5	f	UZ v	
	Wörth a. Rh.	BA	VII	7	f	v	E1
	Enkenbach-Alsenborn	BA	VII	3	d	v	F1
5	Landstuhl	BA	III	3	f	MZ v	E1
	Ramstein-Miesenbach	BA	III	6	f	UZ v	F2
6	Kusel	B	III	7	e	MZ v	F2
	Annweiler a.Trifels	BA	VII	3	a	MZT v	L3
7	Bad Bergzabern	B	III	7	c	MZ v	H4
	Edenkoben	BA	V	3	c	MZT v	L3
	Herxheim b.Landau(Pf.)	AB	VII	3	e	UZ v	
	Altrip	BA	V	5	e		F1
	Bobenheim-Roxheim	BA	VII	5	f		
	Böhl-Iggelheim	BA	VII	5	e		
8	Lambsheim	BA	IVa	5	e		
	Limburgerhof	BA	V	5	f		
	Mutterstadt	BA	III	5	a		F1
	Neuhofen	BA	V	5	a		
	Römerberg	BA	V	5	f		
9	Rodalben	A	VII	3	f	UZ v	F1
	Waldfischbach-Burgalben	BA	VII	3	e	UZ v	F1
10	Contwig	A	VII	5	f		
	2 000 < 5 000 Einw.						
2	Bockenheim a. d. W.	AL	IV	5	e		
	Carlsberg	AB	V	5	g		E2

* zus. m. Wörth a.Rh.

2 000 ≤ 5 000 Einw.(Forts.)

	(A)	(B)	(C)	(D)	(E)		
	Deidesheim	BA	IVa	2	e	v	L4
	Dirmstein	AL	IV	5	f		F1
	Elmstein	A	V	5	e		E3
	Freinsheim	AL	IVa	5	a	v	F1
	Hettenleidelheim	BA	VII	3	e	v	
2	Lambrecht	BA	VII	3	c	UZ v	F1
	Meckenheim	AL	IV	5	e		
	Obrigheim	AB	VI	5	e		
	Wachenheim a.d.W.	B	IVa	2	d	v	E1
	Weidenthal	AB	V	5	e		E1
	Weisenheim a.Sand	AL	IV	5	a		
	Göllheim	AB	VII	3	e	v	
3	Rockenhausen	BA	V	7	e	MZT v	F1
	Winnweiler	BA	VII	3	e	UZ v	F1
	Hagenbach	AB	VII	5	f	v	
	Hatzenbühl	AL	IV	2	f		
	Hördt	AB	IVa	5	e		
	Jockrim	AB	VII	5	f	v	F1
	Leimersheim	AB	III	5	h		
4	Lingenfeld	BA	V	5	f	v	
	Lustadt	AB	VI	2	e		
	Maximiliansau	BA	VII	5	f		
	Neuburg a. Rh.	AB	IVa	5	e		
	Rheinzabern	AB	IVa	5	f		
	Schwegenheim	AL	VI	5	e		
	Bann	A	V	5	f		
	Bruchmühlbach	BA	V	5	f	v*	
	Hochspeyer	BA	III	5	e	v	E2
	Hütschenhausen	AB	IV	5	f		
	Kindsbach	BA	V	5	f		F1
	Mehlingen	AB	VII	5	e		
5	Otterbach	BA	V	5	e	v	
	Otterberg	BA	VII	5	e	v	E1
	Queidersbach	A	V	5	f		
	Rodenbach	BA	V	5	f		
	Steinwenden	AB	VII	5	f		
	Trippstadt	BA	V	5	e		E4
	Weilerbach	BA	V	5	e	v	
	Altenglan	AB	V	6	e	v	
	Breitenbach	AB	V	5	f		
	Brücken	A	III	5	f		
	Lauterecken	BA	VII	7	h	MZT v	F1
6	Miesau	AB	V	7	a		
	Rammelsbach	BA	VII	6	d		
	Schönenberg-Kübelbg.	AB	III	5	f	v	
	Waldmohr	AB	V	6	e	v	F1
	Wolfstein	BA	VII	7	a	v	E3
	Albersweiler	AB	VII	5	a		F1
7	Billigheim-Ingenh.	AL	IV	2	e		
	Edesheim	B	IV	5	e		F1
	Godramstein	BA	VI	5	d		

* zus. mit Miesau

2 000 < 5 000 Einw.(Forts.)

		(A)	(B)	(C)	(D)	(E)
	Hochstadt	AL	I c SG	5	e	
	Insheim	AB	VI	5	e	
7	Klingenmünster	B	III	3	c	E1
	Maikammer	AL	IV	2	e	v E2
	Offenbach a. d.Qu.	AB	VII	5	f	v F1
	Beindersheim	BA	IVa	5	f	
	Birkenheide	AB	III	5	f	
	Dannstadt-Schauernh.	BA	IVa	5	f	v
	Dudenhofen	BA	VII	5	e	v
	Fußgönheim	BA	VII	5	f	
	Harthausen	AL	IV	5	e	
8	Heßheim	BA	IVa	5	a	v
	Hochdorf-Assenheim	BA	IV	5	f	
	Maxdorf	AB	V	5	e	UZ v
	Otterstadt	AB	IVa	5	a	
	Rödersheim-Gronau	BA	IV	5	f	
	Ruchheim	BA	IV	5	f	
	Waldsee	BA	IV	5	e	v
	Dahn	BA	V	4	f	MZT v L4
	Hauenstein	AB	VII	4	f	v E3
	Lemberg	AB	VII	2	e	E1
9	Münchweiler a.d.Rod.	BA	VII	3	f	F1
	Thaleischweiler-Fr.	AB	VII	5	e	v
	Wieslautern	A	VII	2	h	F2
10	Bechhofen	AB	VII	5	f	
	Rieschweiler-Mühlb.	AB	VII	5	f	

1 000 < 2 000 Einw.

		(A)	(B)	(C)	(D)	(E)
	Altleiningen	AB	VII	5	e	F3
	Ebertsheim	AB	VII	5	e	
	Ellerstadt	AL	IVa	5	e	
	Esthal	A	III	5	f	E1
	Frankeneck	BA	VII	5	e	
	Friedelsheim	B	I c SS	5	e	
	Gönnheim	AL	I a SG	5	c	
2	Kallstadt	L	I a SS	2	c	F2
	Kirchheim a.d.W.	BA	IV	5	a	
	Lindenberg	BA	VII	5	a	E1
	Neidenfels	A	VII	7	e	
	Niederkirchen b.D.	AL	I f SS	5	f	
	Ruppertsberg	BA	IV	5	e	
	Ungstein	AL	IV	2	c	
	Wattenheim	AB	III	5	e	F1
	Albisheim	AL	IVa	2	d	
3	Alsenz	BA	V	2	c	UZ v*
	Bolanden	AB	IVa	5	f	
	Kerzenheim	AB	IVa	5	e	

* Verbandsgmde.Alsenz-Obermoschel

1 000 ≤ 2 000 Einw.(Forts.)

	(A)	(B)	(C)	(D)	(E)	
Kriegsfeld	AL	IVa	5	g		
Marnheim	AB	IV	5	e		
3 Münchweiler a.d.Als.	AB	IVa	5	e		
Obermoschel	AL	V	3	g	UZ	E1
Ramsen	AB	V	5	e		F1
Berg / Pf.	AB	VI	5	h		
Freckenfeld	AL	I c SG	5	e		
Kuhardt	LA	IV	2	f		
Minfeld	AB	IV	5	f		
Neupotz	AL	IV	5	f		
4 Ottersheim b.Landau	LA	I c SG	2	h		
Schaidt	AB	VII	5	f		
Sondernheim	AB	VII	5	f		
Steinweiler	AL	I a SG	5	f		
Weingarten	AL	I c SG	5	h		
Westheim / Pf.	AB	IV	5	f		
Zeiskam	AL	IVa	5	e		
Frankenstein	BA	III	5	f		
Hauptstuhl	BA	III	5	f		
Katzweiler	BA	IV	5	h		
Kottweiler-Schwanden	AB	VI	5	e		
5 Linden	A	VII	5	f		
Mackenbach	BA	III	5	e		
Mehlbach	AB	IV	5	e		
Niederkirchen	AL	I b FG	5	d		
Niedermohr	AB	I a FF	5	g		
Obernheim-Kirchenarnb.	A	IVa	5	h		
Olsbrücken	AB	VI	5	e		
Reichenbach-Steegen	AB	IVa	5	e		
Altenkirchen	AB	V	5	a		
Dunzweiler	A	IVa	5	f		
Glan-Münchweiler	BA	V	6	e	v	
Herschweiler-Pettersh.	A	V	5	f		
6 Nanzdietschweiler	AB	IV	5	h		
Odenbach	AL	IVa	5	h		
Offenbach-Hundheim	AB	V	3	g		F1
Pfeffelbach	AB	IV	5	a		
St.Julian	AB	IVa	5	d		
Steinbach a.Glan	A	IV	5	f		
Arzheim	AB	IV	5	e		
Dörrenbach	AB	VI	5	e		E3
Essingen	AL	I f SG	5	a		
Eusserthal	AB	III	5	f		F2
Frankweiler	AL	I f SS	5	c		
7 Gommersheim	AL	I e SG	5	e		
Gossersweiler-Stein	A	VII	5	f		F5
Kirrweiler / Pf.	AL	I f SS	2	f		F1
Nußdorf	L	I a SS	2	e		
Ramberg	A	VII	5	e		E3

1 000 < 2 000 Einw.(Forts.)

		(A)	(B)		(C)	(D)	(E)
	Rhodt u.Rietburg	L	IV		2	c	F3
	Rohrbach	AB	VI		5	e	
7	St.Martin	L	I b	SS	2	e	E3
	Schweigen-Rechtenb.	L	I f	SS	2	e	F3
	Siebeldingen	AL	IVa		3	d	
	Steinfeld	AB	VI		5	h	
	Wernersberg	A	VII		5	h	
8	Hanhofen	AL	IVa		5	f	
	Busenberg	A	VII		5	h	F2
	Clausen	A	VII		2	f	
	Donsieders	AB	VII		5	e	
	Eppenbrunn	AB	VII		5	f	E4
	Erfweiler	A	VII		2	f	F3
	Fischbach b.Dahn	A	V		2	f	F3
	Gersbach	AB	VII		2	e	
	Heltersberg	A	VII		3	e	F1
9	Hermersberg	A	VII		5	f	
	Herschberg	AL	IV		5	e	F1
	Hinterweidenthal	A	VII		3	f	E2
	Höheinöd	A	VII		2	a	
	Leimen	A	VII		3	e	E2
	Merzalben	A	VII		3	f	
	Schopp	AB	VII		2	f	E2
	Trulben	A	VII		3	e	
	Vinningen	A	VII		3	e	
	Weselberg	AL	I f	HF	5	h	
	Wilgartswiesen	A	VII		3	e	E2
	Dellfeld	AB	V		5	a	
	Hornbach	AB	VII		2	h	
	Martinshöhe	A	IV		5	e	
10	Maßweiler	A	VI		5	h	
	Mittelbach	L	IV		5	e	
	Oberauerbach	AB	VI		5	a	
	Rimschweiler	AB	IVa		5	e	

500 < 1 000 Einw.

		(A)	(B)		(C)	(D)	(E)
	Duttweiler	AL	I f	SS	5	e	
	Erpolzheim	L	I a	SS	2	c	
	Forst a. d. W.	AL	I f	SS	2	c	F1
	Gerolsheim	AL	IV		5	a	
	Großkarlbach	AL	I c	SS	5	a	
2	Herxheim a. Berg	L	I a	SS	2	a	
	Kindenheim	AB	IV		5	c	
	Kleinkarlbach	AB	VII		6	a	
	Laumersheim	AL	IV		3	e	
	Neuleiningen	AB	IVa		5	d	F2
	Quirnheim	AL	IV		5	b	
	Tiefenthal	AL	IV		5	e	
	Weisenheim a.Berg	AL	IV		2	a	
	Alsenbrück-Langmeil	AB	IV		5	b	
3	Bayerfeld-Steckweiler	AL	I c	SG	5	g	
	Biedesheim	AL	I a	HG	5	h	
	Bischheim	AL	IV		5	e	

500 ≤ 1 000 Einw.(Forts.)

		(A)	(B)	(C)	(D)	(E)
	Börrstadt	AL	IV	5	h	
	Dannenfels	AB	IVa	2	b	F3
	Dielkirchen	AB	IVa	5	g	
	Doernbach	AL	IV	5	g	
	Dreisen	AL	I b HG	5	g	
	Einselthum	AL	I f SG	5	e	
	Finkenbach-Gersw.	AL	I f HG	5	c	
	Gauersheim	AL	I d SG	5	h	
	Gaugrehweiler	AL	I a GG	2	c	
	Gerbach	L	I a GG	2	c	
	Gundersweiler	AL	I a HG	5	g	
	Harxheim	AB	VII	5	e	
	Höringen	AL	I a FG	5	g	
3	Ilbesheim	L	I b HG	2	c	
	Imsbach	AB	IV	5	h	
	Imsweiler	AL	IV	5	g	
	Katzenbach	AB	I f FF	5	c	
	Lohnsfeld	AL	I b FG	5	e	
	Münsterappel	AL	IV	5	g	
	Niedermoschel	AL	I d SG	5	a	
	Oberwiesen	AB	IVa	5	g	
	Sembach	B	III	7	c	
	Sippersfeld	AB	IVa	5	e	
	Steinbach a.Dbg.	AL	IV	5	e	
	Stetten	AL	I a HG	5	g	
	Büchelberg	L	I f FF	2	h	
	Erlenbach b.Kandel	L	I a SG	2	c	
	Freisbach	AL	I f SG	5	c	
4	Hayna	AL	I a SG	2	e	
	Knittelsheim	AL	I f SG	5	h	
	Scheibenhardt	AB	VI	5	g	
	Winden	L	I c SG	2	d	
	Fischbach	AB	IVa	5	c	
	Heiligenmoschel	AL	I a FG	5	d	
	Hirschhorn /Pf.	BA	IVa	5	e	
	Krickenbach	A	VI	5	f	
5	Mittelbrunn	AB	I e HF	5	f	
	Neuhemsbach	AB	VII	6	c	
	Schallodenbach	AB	IVa	5	h	
	Schneckenhausen	A	IVa	5	e	
	Schwedelbach	AB	IV	5	a	
	Stelzenberg	BA	V	5	a	F1
	Börsborn	AB	IV	5	g	
	Bosenbach	AB	IV	5	e	
	Dittweiler	A	IVa	5	a	
	Einöllen	AL	IV	5	a	
	Erdesbach	AB	VII	5	e	
6	Essweiler	A	VI	5	g	
	Etschberg	AB	IV	5	a	
	Glanbrücken	AL	IVa	5	c	
	Gries	AB	V	5	e	
	Grumbach	AL	IVa	5	g	
	Haschbach a. Rem.	A	IVa	5	e	
	Hefersweiler	AL	I e FG	5	c	

500 < 1 000 Einw.(Forts.)

		(A)	(B)		(C)	(D)	(E)
6	Herchweiler	A	I a	FG	5	e	
	Hinzweiler	AB	VI		5	e	
	Hüffler	A	IV		5	f	
	Jettenbach	AB	IVa		5	d	
	Konken	AL	IV		5	c	
	Kreimbach-Kaulbach	AB	VII		5	g	
	Krottelbach	AB	IVa		5	e	
	Lohnweiler	AB	I f	HG	5	g	
	Medard	AL	III		6	g	
	Nußbach	AB	IV		5	d	
	Ohmbach	A	VII		5	f	
	Reichweiler	A	IV		5	f	
	Rothselberg	AL	IV		5	d	
	Ruthweiler	A	VII		5	a	
	Schellweiler	AB	VI		5	e	
	Thallichtenberg	AB	VI		5	e	
	Theisbergstegen	AB	IVa		5	a	
	Ulmet	AB	IVa		5	e	
	Wahnwegen	A	IVa		5	e	
	Wiesweiler	AB	I c	GG	5	g	
7	Bedesbach	AB	VII		6	h	E2
	Altdorf	LA	I c	SG	2	g	
	Barbelroth	AL	I f	SG	5	h	
	Birkenhördt	A	VII		5	h	
	Birkweiler	L	I f	SS	2	e	
	Böchingen	B	VI		3	e	
	Bornheim	AL	II		6	h	
	Burrweiler	AL	I e	SS	2	g	F1
	Dammheim	AL	I a	SG	5	c	
	Dernbach	A	III		5	e	
	Eschbach	L	I e	SS	2	d	
	Freimersheim	LA	I a	SG	2	e	
	Gleisweiler	AL	II		5	b	E3
	Gleiszellen-Gleishorb.	BA	I f	SS	5	e	E3
	Göcklingen	AL	I d	SS	2	h	
	Gräfenhausen	A	V		5	e	
	Hainfeld	L	I a	SS	2	e	
	Heuchelheim-Klingen	L	I a	SS	2	c	
	Ilbesheim b.Landau	L	I b	SS	2	c	
	Impflingen	AL	I a	SG	5	a	
	Kapellen-Drusweiler	L	I a	SG	2	e	
	Kapsweyher	AB	IVa		5	h	
	Mörzheim	L	I a	SS	2	e	
	Oberotterbach	L	I f	SG	2	g	F2
	Pleisweiler-Oberhof.	AL	I c	SG	5	g	F3
	Ranschbach	L	I e	SS	2	h	
	Rinnthal	AB	VII		7	g	F2
	Roschbach	AL	I f	SS	5	d	
	Schweighofen	AL	I f	SG	2	h	
	Silz	AB	VII		5	h	F2
	Venningen	AL	I f	SS	5	h	

193

500 ≤ 1 000 Einw.(Forts.)

		(A)	(B)	(C)	(D)	(E)
	Völkersweiler	A	V	5	e	
	Vorderweidenthal	AB	VI	5	h	
7	Walsheim	L	I c SS	2	e	
	Weyher i.d.Pf.	L	I f SS	2	d	F3
	Wollmesheim	L	I b SS	2	c	
	Großniedesheim	BA	IVa	5	f	
8	Heuchelheim b.Ft.	AL	I a HG	5	e	
	Kleinniedesheim	BA	I a SG	5	e	
	Geiselberg	A	VII	5	e	
	Höheischweiler	A	VII	5	f	
	Höhfröschen	AB	VII	6	c	
	Kroeppen	AB	VI	5	e	
	Ludwigswinkel	A	VII	3	h	F4
	Lug	A	VII	5	h	
	Nünschweiler	AB	IV	5	a	
9	Obersimten	BA	VII	5	e	
	Petersberg	A	VII	3	f	
	Rumbach	AB	VII	3	g	F4
	Ruppertsweiler	AB	VII	5	f	
	Schindhard	A	VII	5	h	F2
	Schmalenberg	A	VII	5	c	
	Schönau (Pf.)	A	VII	5	f	E5
	Schwanheim	A	VII	3	f	
	Spirkelbach	A	VII	5	g	
	Windsberg	AB	VII	5	c	
	Althornbach	AB	IV	5	e	
	Battweiler	AL	I c FF	5	c	
	Bottenbach	AB	IV	5	c	
	Großsteinhausen	AL	VI	2	h	
10	Kleinsteinhausen	AL	VI	3	e	
	Lambsborn	BA	IVa	5	a	
	Mörsbach	AB	IV	5	f	
	Reifenberg	AL	I c HG	5	h	
	Wallhalben-Oberh.	AB	VII	3	e	v
	Wattweiler	BA	IV	5	f	
	Wiesbach	AB	IVa	5	h	

200 ≤ 500 Einw.

		(A)	(B)	(C)	(D)
	Battenberg	AB	IV	5	g
	Bissersheim	AL	I e SG	5	a
	Bobenheim a.Berg	AL	IV	5	c
2	Dackenheim	AL	I a SS	5	a
	Mertesheim	AL	II	5	f
	Obersülzen	AL	I a SG	5	a
	Bisterschied	L	I c HG	2	b
	Breunigweiler	AL	I f GG	5	c
	Bubenheim	AL	VI	5	a
	Falkenstein	AB	I c FG	5	h
	Gehrweiler	BA	I e FG	5	e
3	Gonbach	BA	IVa	5	e
	Immesheim	L	I a SG	2	g
	Jakobsweiler	AL	IV	5	b

2oo≤5oo Einw.(Forts.)

	(A)	(B)	(C)	(D)	(E)
Kalkofen	LA	I f SG	2	e	
Lautersheim	A	IV	5	e	
Mannweiler-Cölln	AL	VII	6	c	
Marienthal	AB	IVa	5	g	
Mörsfeld	AB	I a GG	5	g	
Morschheim	LA	I a HG	2	c	
Niederhausen a.d.A.	LA	I c SG	2	g	
Niefernheim	AB	I c SG	5	e	
Oberhausen a.d.A.	LA	I c GG	2	g	
Oberndorf	AL	I a SG	5	g	
Orbis	AL	I d HG	5	e	
Ottersheim	AL	I a HG	5	g	
Potzbach	A	I f FG	5	g	
3 Ransweiler	AB	I e GG	5	b	
Rüssingen	AL	I b HG	5	a	
Ruppertsecken	AL	I d FG	5	g	F1
St.Alban	AL	I e FG	5	h	
Schiersfeld	AL	I c GG	2	g	
Schweisweiler	AL	I f FF	5	b	
Stahlberg	AB	IV	5	g	
Standenbühl	LA	I a HG	2	b	
Unkenbach	L	I a SG	2	b	
Waldgrehweiler	AL	I f FG	5	c	
Wartenberg-Rohrb.	AL	IV	5	g	
Weitersweiler	AL	I b GG	3	g	
Winterborn	LA	I b SG	2	g	
Würzweiler	AL	I f GG	5	e	
Zell	AL	I a SG	5	h	
Erzenhausen	AB	IV	5	e	
Eulenbis	AL	I f FF	5	h	
Fockenberg-Limb.	AL	I f FF	2	g	
5 Frankelbach	AB	I f FF	5	h	
Kollweiler	AL	I f FF	5	b	
Oberarnbach	AB	IV	5	e	
Sulzbachtal	AB	I f FF	5	c	
Waldleiningen	A	I b HG	5	g	
Aschbach	AL	I c FG	5	c	
Blaubach	AB	I a FF	5	d	
Bledesbach	A	IVa	5	a	
Cronenberg	LA	I b HG	5	g	
Dennweiler-Fr.	LA	I b FF	5	c	
Ehweiler	L	I a HG	2	b	
Eisenbach-Matzenb.	AL	I b FF	5	e	
6 Elzweiler	A	IVa	5	f	
Föckelberg	AB	I f FF	5	f	
Friedelhausen	A	V	5	f	
Frohnhofen	AB	IVa	5	a	
Gimsbach	AL	IV	2	e	
Ginsweiler	A	I c FG	5	a	
Henschtal	AB	I c FF	5	a	
Heinzenhausen	A	II	5	f	
Herren-Sulzbach	AL	VI	3	a	
Hohenöllen	AL	I f FG	5	e	

200 < 500 Einw.(Forts.)

	(A)	(B)		(C)	(D)	(E)
Homberg	LA	I f	FG	2	c	
Hoppstädten	AL	IV		2	c	
Horschbach	LA	I f	FF	2	g	
Kappeln	AL	I d	HG	2	a	
Kirrweiler	LA	I c	FG	5	h	
Körborn	AL	I d	FG	5	c	
Langenbach	AB	I f	FG	5	a	
Langweiler	L	I b	FG	2	c	
Neunkirchen a.P.	AB	IV		5	g	
6 Niederalben	AB	I f	FF	5	g	
Niederstaufenbach	A	I f	FF	5	f	
Oberalben	AL	I f	FF	5	c	
Oberstaufenbach	AL	I c	FF	5	h	
Oberweiler i.T.	LA	I b	FF	5	d	
Oberweiler-Tiefenb.	AL	I b	FF	5	c	
Quirnbach b.Kusel	AB	VI		5	e	
Rathskirchen	AL	I e	FG	5	g	
Rehweiler	AL	IV		5	g	
Reipoltskirchen	AL	I e	FF	5	g	
Relsberg	LA	I d	HG	2	c	
Rutsweiler a.Gl.	A	V		5	e	
Rutsweiler a.d.L.	AL	I f	FG	5	g	
Seelen	L	I d	HG	2	b	
Selchenbach	AL	I f	HG	5	e	
Welchweiler	AB	I f	FF	5	c	
Böbingen	L	I a	SG	2	g	
Böllenborn	AB	II		5	h	
Dierbach	L	I a	SG	2	g	
Flemlingen	L	I b	SS	2	h	
Großfischlingen	AL	I e	SS	5	h	
Herxheimweyher	LA	I b	SG	2	f	
Kleinfischlingen	L	I a	SG	2	a	
7 Knöringen	BA	I f	SS	5	h	
Leinsweiler	L	I a	SS	2	a	F4
Münchweiler a.Kl.	A	VII		5	h	
Niederhorbach	L	I a	SG	2	b	
Niederotterbach	L	I e	SG	2	h	
Oberhausen	L	I a	SG	2	c	
Queichhambach	AB	V		5	a	
Waldhambach	AB	III		5	f	
Waldrohrbach	A	V		5	f	
Bobenthal	AB	IV		2	g	F3
Erlenbach b.Dahn	A	VII		2	g	F4
Hettenhausen	AL	VI		6	e	
Hilst	A	IVa		5	e	
9 Horbach	A	VII		5	f	
Niederschlettenbach	A	VII		5	e	
Saalstadt	AL	I b	HF	5	c	
Schauerberg	AB	I a	HF	5	a	
Schweix	A	VI		5	a	
Steinalben	BA	VII		7	e	
10 Biedershausen	L	I a	HF	2	g	
Dietrichingen	L	I a	FG	2	g	

200 ≤ 500 Einw. (Forts.)

		(A)	(B)	(C)	(D)	(E)
	Großbundenbach	AL	I a FF	2	g	
	Käshofen	AL	I c HG	5	b	
	Kleinbundenbach	L	I b HF	2	h	
	Knopp-Labach	A	I a HF	5	f	
	Krähenberg	L	I a HF	2	c	
	Langwieden	LA	I a FF	2	h	
10	Mauschbach	L	I b FF	2	g	
	Riedelberg	AL	IV	5	h	
	Rosenkopf	L	I c HF	2	g	
	Schmitshausen	AL	IV	2	h	
	Walshausen	LA	I d HG	5	g	
	Winterbach	AL	I c FF	5	g	

≤ 200 Einw.

		(A)	(B)	(C)	(D)	(E)
	Bennhausen	L	I a HG	1	b	
	Dörrmoschel	L	I a HG	1	b	
3	Rittersheim	AL	I b HG	5	b	
	Schönborn	L	I a FG	2	c	
	Sitters	AL	I c GG	5	c	
	Teschenmoschel	L	I d HG	2	g	
4	Vollmersweiler	L	I a SG	2	e	
	Albersbach	AB	I f FF	5	f	
5	Gerhardsbrunn	L	I a HF	1	f	
	Pörrbach	L	I f FF	2	h	
	Adenbach	LA	I c FG	5	c	
	Albessen	L	I b HG	3	c	
	Buborn	L	I c FG	2	g	
	Deimberg	AL	I a HG	5	a	
	Hausweiler	L	I a FG	2	g	
6	Liebsthal	A	I f FF	5	e	
	Merzweiler	LA	I a FG	2	b	
	Nerzweiler	AL	I c FG	5	c	
	Rathsweiler	L	I a FF	2	b	
	Reichsthal	AL	I f HG	5	b	
	Unterjeckenbach	AL	IV	2	c	
	Blankenborn	BA	II	5	e	
7	Hergersweiler	L	I b SG	1	g	
	Oberschlettenbach	AL	I f HF	5	c	
	Darstein	AL	I f HF	5	g	
9	Dimbach	A	VII	5	f	
	Hirschthal	AB	III	5	c	
	Nothweiler	AB	II	5	g	F5

Die Ziffern vor den Ortsnamen bezeichnen die Zugehörigkeit zu den Gebietseinheiten :

1	Kreisfreie Städte	8	Lkrs. Ludwigshafen
2	Lkrs. Bad Dürkheim	9	Lkrs. Pirmasens
3	Donnersbergkreis	10	Lkrs. Zweibrücken
4	Lkrs. Germersheim		
5	Lkrs. Kaiserslautern		
6	Lkrs. Kusel		
7	Lkrs. Landau-Bad Bergzabern		

MANNHEIMER GEOGRAPHISCHE ARBEITEN

Heft 1: Beiträge zur geographischen Landeskunde. Festgabe für Gudrun Höhl.
473 S., 44 Abb., 1977   DM 27,--

Heft 2: Beiträge zur Landeskunde des Rhein-Neckar-Raumes I.
197 S., 36 Tab., 25 Abb., 4 Fotos, 1979   DM 19,50

Heft 3: INGRID DÖRRER: Morphologische Untersuchungen zum Zentralen Limousin (Französisches Zentralmassiv). Ein Beitrag zur Reliefentwicklung einer Rumpfflächenlandschaft durch tertiäre, periglazial-glaziale und rezente Formungsvorgänge.
342 S., 11 Karten, 50 Textabb., 1980   DM 30,--

Heft 4: JÜRGEN BÄHR: Santiago de Chile. Eine faktorenanalytische Untersuchung zur inneren Differenzierung einer lateinamerikanischen Millionenstadt.
100 S., 20 Abb., 1978   DM 12,50

Heft 5: RAINER JOHA BENDER: Wasgau/Pfalz. Untersuchungen zum wirtschaftlichen und sozialen Wandel eines verkehrsfernen Raumes monoindustrieller Prägung.
312 S., 32 Abb., 20 Fotos, 1979   DM 29,--

Heft 6: CHRISTOPH JENTSCH/RAINER LOOSE: Ländliche Siedlungen in Afghanistan.
130 S., 2 Abb., 70 Fotos, 2 Farbkarten, 1980   DM 16,50

Heft 7: WOLF GAEBE und KARL-HEINZ HOTTES (Hg.): Methoden und Feldforschung in der Industriegeographie.
212 S., 53 Abb., 1980   DM 20,--

Heft 8: KARL F. GLENZ: Binnen-Nachbarhäfen als geographisch-ökonomisches Phänomen. Versuch einer funktionell-genetischen Typisierung am Beispiel von Mannheim und Ludwigshafen sowie Mainz und Wiesbaden.
205 S., 24 Tab., 21 Abb., 1 Farbkarte, 1981   DM 25,--

Heft 9: Exkursionen zum 43. Deutschen Geographentag Mannheim 1981.
236 S., 32 Abb., 1981   DM 20,--

Heft 10: INGRID DÖRRER (Hg.): Mannheim und der Rhein-Neckar-Raum. Festschrift zum 43. Deutschen Geographentag Mannheim 1981.
434 S., 48 Tab., 73 Abb., 11 Karten, 9 Farbkarten, 6 Fotos, 1981
DM 40,-- (vergriffen)

Heft 11: VOLKER KAMINSKE: Der Naherholungsraum im Raum Nordschleswig. Wahrnehmungs- und entscheidungstheoretische Ansätze.
210 S., 63 Tab., 18 Abb., 1981   DM 26,--

Heft 12: KURT BECKER-MARX/WOLF GAEBE (Hg.): Beiträge zur Raumplanung. Perspektiven und Instrumente.
132 S., 1 Farbkarte, 1981   DM 15,--

Heft 13: WOLF GAEBE: Zur Bedeutung von Agglomerationswirkungen für industrielle Standortentscheidungen.
132 S., 34 Tab., 16 Abb., 1981   DM 15,--

Heft 14: INGRID DÖRRER und FRITZ FEZER (Hg.): Umweltprobleme im
Rhein-Neckar-Raum. Beiträge zum 43. Deutschen Geographentag
Mannheim 1981.
202 S., 17 Tab., 58 Abb., 6 Fotos, 1983   DM 27,--

Heft 15: INGO STÖPPLER: Funktionale und soziale Wandlungen im ländlichen Raum
Nordhessens.
194 S., 20 Abb., 1982   DM 25,--

Heft 16: Carl Ritter. Neuere Forschungen von Ernst Plewe.
81 S., 4 Abb., 1982   DM 10,--

Heft 17: RAINER JOHA BENDER (Hg.): Neuere Forschungen zur Sozialgeographie
von Irland - New research on the social geography of Ireland.
292 S., 42 Tab., 50 Abb., 15 Fotos, 1984   DM 29,--

Heft 18: BRUNO CLOER/ULRIKE KAISER-CLOER: Eisengewinnung und Eisenverarbeitung in der Pfalz im 18. und 19. Jahrhundert.
542 S., 66 Tab., 28 Abb., 38 Fotos, 1984   DM 32,--

Heft 19: WOLFGANG MIODEK: Innerstädtische Umzüge und Stadtentwicklung
in Mannheim 1977 - 1983. Ein verhaltensbezogener Analyseansatz
des Wohnstandortwahlverhaltens mobiler Haushalte.
244 S., 34 Tab., 27 Abb., 1986   DM 28,--

Heft 20: EBERHARD HASENFRATZ: Gemeindetypen der Pfalz.
Empirischer Versuch auf bevölkerungs- und sozialgeographischer
Basis.
197 S., 36 Tab., 36 Abb., 1986   DM 27,--

MATERIALIEN ZUR GEOGRAPHIE

Heft 1: R.J. BENDER/M. KOLLHOFF: Stadtsanierung Freinsheim
72 S., 10 Abb., 14 Fotos, 1985   DM 5,--

Heft 2: FINNLAND-EXKURSION des Geographischen Instituts Mannheim
13.7. - 4.8.1984. 287 S., 1985   DM 10,--

Heft 3: TUNESIEN-EXKURSION des Geographischen Instituts Mannheim
10.4. - 24.4.1985. 232 S., 1985   DM 10,--

VERÖFFENTLICHUNG DES INSTITUTS FÜR LANDESKUNDE UND REGIONALFORSCHUNG

Ch. JENTSCH, K. KULINAT und P. MOLL (Hg.): Beiträge zur Angewandten
Geographie. An Beispielen aus dem südwestdeutschen Raum. Professor
Dr. Ch. Borcherdt zum 60. Geburtstag von seinen Schülern.
430 S., zahlr. Abb., Tab. und Fotos, 1985   DM 30,--